In Gedenken an

Cäcilie Feltens
&
Martial Sauvourel

# Schritt für Schritt ins Eheglück

der Hochzeitsratgeber

Von
Benedikt Philipp Feltens & Johnny Martial Sauvourel

Benedikt Feltens & Johnny Sauvourel
Wilhelm-Ruppert-Str. 23
51147 Köln


Benedikt Feltens Events

benedikt@feltens-events.de
feltens-coaching.de


1. Auflage, 2019

© April Benedikt Philipp Feltens & Johnny Martial Sauvourel – alle Rechte vorbehalten.

Benedikt Feltens & Johnny Sauvourel

Wilhelm-Ruppert-Str. 23

51147 Köln

Köln

benedikt@feltens-events.de

feltens-coaching.de

# Inhaltsverzeichnis

| | |
|---|---|
| **1. Vorwort** | 10 |
| 1.1 Partner duzen sich | 12 |
| 1.2 Wie ist dieses Buch entstanden? | 12 |
| 1.3 Dankeseite | 13 |
| 1.4 Gliederung des Buches | 14 |
| **2. Der Anfang** | **15** |
| 2.1 Den eigenen Weg finden | 15 |
| 2.2 Wann sollte mit der Planung begonnen werden? | 16 |
| 2.3 Organisation und Planung | 17 |
| 2.4 Alles auf einen Blick – Wann solltet ihr was erledigen | 20 |
| **3. Stil festlegen** | **23** |
| 3.1 Wo man Ideen findet | 24 |
| 3.1.1 Hochzeitsmessen | 24 |
| **4. Das Hochzeitsbudget** | **26** |
| 4.1 Das Hochzeitsbudget errechnen | 27 |
| 4.2 Was kostet eine durchschnittliche Hochzeit? | 27 |
| 4.3 Hochzeitsgeschenke | 29 |
| 4.3.1 Wie viel kann man an Geldgeschenken erwarten? | 30 |
| 4.3.2 Modernes Schenken | 31 |
| **5. Gästeliste** | **33** |
| 5.1 Wer (nicht) eingeladen werden muss | 34 |
| 5.2 Partygäste | 35 |
| 5.3 Die Gästeliste koordinieren | 36 |
| 5.4 Wo schlafen die Gäste? | 36 |

## 6. Location — 38
6.1 Die passende Location erkennen — 38
6.2 Die richtigen Fragen stellen — 41
6.3 Getränke — 42
6.4 Zu Hause feiern — 44

## 7. Das Hochzeitsdatum — 46

## 8. Dienstleister — 48

### 8.1 Weddingplaner — 48
8.1.1 Vorteile mit einem Weddingplaner — 49
8.1.2 Aufgaben eines Weddingplaners am Hochzeitstag — 50

### 8.2 Hochzeitsdinner — 50
8.2.1 Menü — 51
8.2.2 Buffet — 52
8.2.3 Mischform — 52

### 8.3 Die passende Torte finden — 53

### 8.4 Fotografen — 54
8.4.1 Der Stil des Fotografen — 55
8.4.2 Preise — 55
8.4.3 Einen guten Fotografen erkennen — 56
8.4.4 Vorgespräch — 57
8.4.5 Fotobücher — 58
8.4.6 Kostenfallen — 59
8.4.7 Instagram-Hashtag — 59
8.4.8 Photobooth — 60

| | |
|---|---|
| **8.5 Musik** | **61** |
| 8.5.1 Musik am Tag | 61 |
| 8.5.1.1 Hochzeitssänger | 62 |
| 8.5.1.2 Chöre, Blaskapellen und traditionelle Musiker | 63 |
| 8.5.2 Musik am Abend | 63 |
| 8.5.2.1 DJs | 63 |
| 8.5.2.2 Bands | 64 |
| | |
| **8.6 Beschäftigung für Jung und Alt** | **65** |
| 8.6.1 Beschäftigung für Erwachsene | 65 |
| 8.6.2 Kinderanimation | 66 |
| | |
| **8.7 Floristik und Dekoration** | **67** |
| 8.7.1 Preise | 68 |
| 8.7.2 Der perfekte Brautstrauß | 69 |
| | |
| **8.8 Kleider machen Leute** | **70** |
| 8.8.1 Braut | 71 |
| 8.8.1.1 Hochzeitskleid | 71 |
| 8.8.1.1.1 Wie viel darf das Kleid kosten? | 72 |
| 8.8.1.2 Accessoires | 74 |
| 8.8.2 Bräutigam | 75 |
| 8.8.2.1 Anzug | 75 |
| 8.8.2.1.1 Von der Stange oder doch lieber nach Maß? | 76 |
| 8.8.2.2 Accessoires | 77 |
| | |
| **8.9 Visagist und Friseur** | **78** |
| 8.9.1 Das Styling in die eigenen Hände nehmen | 80 |

| | |
|---|---:|
| **8.10 Eheringe** | **81** |
| 8.10.1 Das passende Material finden | 82 |
| 8.10.2 Eheringe personalisieren | 83 |
| **9. Papeterie/Drucksachen** | **85** |
| 9.1 Karten gestalten | 85 |
| 9.2 Save the Date-Karten | 86 |
| 9.3 Einladungen | 86 |
| 9.4 Das Programmheft | 88 |
| 9.5 Hochzeitswebsite | 89 |
| **10. Wichtige Personen** | **90** |
| 10.1 Trauzeugen | 90 |
| 10.2 Bridesmaids & Groomsmen | 91 |
| 10.3 Zeremonienmeister | 92 |
| **11. Junggesellenabschied** | **95** |
| **12. Polterabend** | **96** |
| **13. Tischplan** | **98** |
| 13.1 Wer sollte wo sitzen? | 99 |
| **14. Gastgeschenke** | **101** |
| **15. Die verschiedenen Trauformen** | **103** |
| **15.1 Standesamt** | **103** |
| 15.1.1 Anmeldung der Eheschließung | 104 |
| 15.1.2 Trauung | 107 |
| 15.1.3 Ambientetrauungen | 108 |

15.1.4 Rechte und Pflichten 108
15.1.4.1 Steuerliche Vorteile 109
15.1.4.2 Ehevertrag 110
15.1.4.2.1 Den passenden Ehevertrag schließen 111
15.1.4.2.2 Was sollte im Ehevertrag geklärt werden? 113
15.1.5 Name 115

**15.2 Kirchliche Trauung** **116**
15.2.1 Die Vorbereitungen 116
15.2.2 Das Einlaufen in die Kirche 118
15.2.3 Die Braut erscheint 119
15.2.4 Der Ablauf der Zeremonie 119
15.2.5 In einer anderen Gemeinde heiraten 121
15.2.6 Katholisch in zweiter Ehe heiraten 122
15.2.7 Interkonfessionelle Ehen 123

**15.3 Freie Trauung** **123**
15.3.1 Freie Trauung unter freiem Himmel 125
15.3.2 Freie Redner 126
15.3.3 Das Ehegelübde 127
15.3.4 Hochzeitsrituale 127

**15.4 Tipps für alle Trauformen** **128**

**16. Die letzten Tage vor der Hochzeit** **131**
16.1 Das perfekte Beautyprogramm 133

**17. Der Hochzeitstag** **135**
17.1 Die Planung 135
17.2 Das Getting Ready 137
17.2.1 Wo soll das Getting Ready stattfinden? 138

| | |
|---|---:|
| 17.3 First Look | 141 |
| 17.4 Sektempfang vor der Trauung | 142 |
| 17.5 Zeremonie | 143 |
| 17.6 Sektempfang nach der Trauung | 143 |
| 17.7 Zur Partylocation kommen | 144 |
| 17.8 Brautpaarshooting | 145 |
| 17.9 Gruppenfotos | 147 |
| 17.10 Brautstraußwurf | 148 |
| 17.11 Wünsche in den Himmel steigen lassen | 149 |
| 17.12 Hochzeitsrede | 150 |
| 17.13 Hochzeitsdinner | 156 |
| 17.14 Hochzeitstorte | 156 |
| 17.15 Eröffnungstanz | 158 |
| 17.16 Die Party | 160 |
| 17.17 Feuerwerk | 160 |
| **18. No-Gos** | **162** |
| **19. Nach der Hochzeit ist vor der Arbeit** | **164** |
| 19.1 Danksagungen | 165 |
| **20. Außergewöhnlich heiraten** | **166** |
| 20.1 Andere Orte | 166 |
| 20.1.1 Unter freiem Himmel heiraten | 166 |
| 20.1.2 Im Ausland | 167 |
| 20.2 Andere Saison | 168 |
| 20.3 Heiraten an einem außergewöhnlichen Tag | 169 |
| 20.3.1 Heiraten an einem Freitag | 169 |
| 20.3.2 Heiraten an einem Feiertag | 170 |
| **21. Schlussworte** | **171** |

# 1. Vorwort

Wie schafft ihr es, angesichts der im Leben vermutlich größten eigenen Feier entspannt und locker zu bleiben? Und wie sollt ihr alleine etwas planen, für das es in Firmen teils ganze Abteilungen gibt?

Für uns gibt es hier nur zwei Antworten: Entweder ihr rennt völlig blauäugig drauf los und verliert euch nach kurzer Zeit. Oder aber ihr erarbeitet euch erst das nötige Wissen und geht dann gezielt an die Planung der eigenen Feier. Ihr habt euch offensichtlich für den zweiten Weg entschieden – herzlichen Glückwunsch. Bis hierhin habt ihr schon alles richtig gemacht.

Auf diesem Weg wollen wir euch auch zu eurer Verlobung gratulieren. Wir freuen uns von Herzen, dass ihr euch gefunden und beschlossen habt, eure Liebe zu besiegeln und füreinander einzustehen.

Die eigene Hochzeit ist ein ganz besonderes Fest. Vermutlich wird es der einzige Tag in eurem Leben sein, an dem ihr alle Menschen, die ihr liebt und die euch wichtig sind, um euch habt. Freunde und Familien treffen aufeinander und verschmelzen.
Die Planung und Vorbereitung zur eigenen Traumhochzeit wird anstrengend sein, aber auch Spaß machen – das versprechen wir.
Der Kauf dieses Buches hat sich für euch gelohnt. Ihr bekommt Planungssicherheit und dadurch Selbstvertrauen für den Tag der Tage. Eine stressfreie Vorbereitung ist garantiert. Außerdem werdet ihr durch den einen oder anderen Tipp auch Geld sparen, sodass sich der Kauf dieses Buches auch in finanzieller Hinsicht schnell für euch bezahlt macht.

Wir nehmen euch an die Hand und lassen dabei keinen Punkt aus. Dabei geht es um die großen Fragen, wie die Auswahl der Location oder die Bestimmung des richtigen Caterers, aber auch um Detailfragen wie die Auswahl der richtigen Geschenke für die Trauzeugen.

Zu guter Letzt möchten wir vier Anmerkungen in eigener Sache loswerden:

1. Wir legen euch unser Arbeitsbuch „Schritt für Schritt ins Eheglück – Der Weddingplaner" ans Herz. Darin sind viele Checklisten zum praktischen Selbst-Ausfüllen.

Dort könnt ihr alle Details zu eurer Hochzeit eintragen und werdet von uns zur perfekten Hochzeit begleitet.

2. Wir haben in diesem Buch alles unserer Meinung nach Wichtige sehr sorgfältig zusammengetragen. Dennoch kann es sein, dass auch uns mal ein Fehler unterlaufen ist oder wir etwas nicht anschaulich genug erklärt haben.
Nur durch die Hilfe und Meinungen anderer können wir selbst wachsen und besser werden.
Solltet ihr also Fragen oder Anregungen haben, zögert nicht, uns zu kontaktieren. Schreibt uns gerne jederzeit. Wir werden euch schnellstmöglich antworten:

**benedikt@feltens-events.de**
oder
**john@feltens-events.de**

3. Solltet ihr weiterführende Fragen zu eurer Hochzeit haben oder möchtet ihr, dass sich mal ein Profi eure Planung ansieht? Dann könnt ihr gerne auch einen persönlichen Beratungstermin mit uns vereinbaren. Dieser kann per Telefon oder Skype stattfinden. Wenn ihr aus dem Raum Köln/Bonn kommt, können wir uns natürlich auch persönlich treffen. Informationen zu einem persönlichen Beratungsgespräch und alle in diesem Buch angesprochenen kostenlosen Checklisten erhaltet ihr unter:

www.feltens-coaching.de

4. Solltet ihr nach einer wundervollen Hochzeitslocation am Mittelrhein suchen, möchten wir euch unsere Location, die Villa Kalles, empfehlen:

| Internetseite: | Instagram: | Facebook: |
|---|---|---|
| www.hochzeitsvilla.com | @feltens-coaching & @Villa_Kalles_Offiziell | Villa Kalles |

Nun wünschen wir euch aber viel Spaß mit diesem Buch!

Herzlichst

Benedikt Feltens & Johnny Sauvourel

## 1.1 Partner duzen sich

Wie ihr wahrscheinlich schon gemerkt habt, duzen wir euch in diesem Buch. Wir finden, dass das Thema Hochzeit ein sehr persönliches Thema ist. Durch das Lesen dieses Buches nehmen wir auch teil an eurer Hochzeit. Deswegen finden wir es angemessen, uns gegenseitig zu duzen.

Der Einfachheit halber verwenden wir in diesem Buch zumeist das generische Maskulinum. Es sind aber natürlich immer sowohl Frauen als auch Männer gleichberechtigt gemeint. Alles andere wäre in der Branche, in der wir uns bewegen, weltfremd. Es gibt wohl wenige Branchen, in der beide Geschlechter so gleichmäßig vertreten sind wie in der Hochzeitsbranche. Ebenfalls schreiben wir immer von „Frau" und „Mann" oder „Braut" und „Bräutigam". Natürlich sind aber alle Gegebenheiten und Tipps, die wir hier liefern, ebenso auf gleichgeschlechtliche Hochzeiten anwendbar.

## 1.2 Wie ist dieses Buch entstanden?

Im November 2018 waren wir nach einer langen, anstrengenden, aber auch sehr schönen Hochzeitssaison im Urlaub auf Sri Lanka.

Wie so viele Menschen haben auch wir im Urlaub nicht so ganz abschalten können. Als wir am zweiten Abend beim Abendessen saßen, zogen wir ein Resümee über die vergangene Hochzeitssaison.

Dabei fiel uns auf, dass unsere Hochzeitspaare immer wieder mit ähnlichen Fragen auf uns zukamen und mit den gleichen Schwierigkeiten zu kämpfen hatten.

Wir hatten bis dahin einen extra Bereich auf unserer Internetseite eingerichtet, wo Hochzeitspaare, die bei uns feierten, Tipps bekamen. Diese Seite wollten wir mit den zusätzlichen Dingen, die uns aufgefallen waren, ergänzen.

Aber warum eigentlich nur für unsere Hochzeitspaare? Warum nicht auch für alle anderen Paare, die vor dem schönsten Tag ihres Lebens stehen und vermutlich mit den gleichen Schwierigkeiten zu kämpfen haben?

Am nächsten Morgen schnappten wir uns unsere Laptops und fingen mit dem Schreiben an. Am Ende des zweiwöchigen Urlaubs hatten wir bereits die ersten 40

Seiten fertig. Zurück in Deutschland schrieben wir unaufhörlich weiter und schafften es, dieses Buch innerhalb von knapp drei Monaten fertig zu bekommen. Das Ergebnis haltet ihr in euren Händen.

## 1.3 Dankeseite

Das Schreiben eines Buches ist nicht einfach. Besonders wenn es das erste eigene Buch ist, kostet es viel Zeit und Mühe. Es macht aber auch unglaublich viel Spaß, etwas zu erschaffen, von dem man weiß, dass es nützlich ist. Hochzeitspaaren zu helfen ist der Motor, der uns antreibt.

Vielen Dank, dass ihr dieses Buch gekauft habt und uns auf diese Weise unterstützt.

Wir möchten uns auf diesem Weg aber auch bei allen Menschen, die uns über die letzten Monate tatkräftig unterstützt haben, bedanken.

Einigen Personen möchten wir besonders danken:

Ein großer Dank geht an Eda Pekinsoy, die uns beim Kapitel über die rechtlichen Folgen einer Hochzeit beraten hat.
Der lieben Annika danken wir dafür, dass sie uns alle Fragen zum Thema Floristik und Dekoration so toll beantworten konnte.
Auch möchten wir Pater Raape für das nette Gespräch über das Heiraten in der katholischen Kirche danken.
Ein ganz besonderer Dank gilt der lieben Natalie und ihrem Ehemann Daryoush, die unser Cover schmücken. Es war eine traumhafte Hochzeit mit euch!
Danke an Anne Feltens, Hansjörg Hausen und Leon Kolb, die dieses Buch als Erste lesen durften und uns tatkräftig Verbesserungsvorschläge gaben.

Danken möchten wir im Zuge dessen auch all unseren tollen Mitarbeitern, ohne die wir nicht da stehen würden, wo wir jetzt stehen. Ihr begleitet uns teilweise schon seit 2011 auf unserem Weg. Wir wissen, dass wir uns immer auf euch verlassen können. Ihr seid die besten Mitarbeiter, die man sich wünschen kann.

Zu guter Letzt möchten wir der gesamten Familie Winzer und ihren Ehefrauen und Partnerinnen danken. Sie gaben uns die Möglichkeit, all das Wissen in Bezug auf Hochzeiten, was wir in diesem Buch weitergeben, aufzubauen. Vielen Dank für die gute Zusammenarbeit und dafür, dass wir diese traumhafte Villa betreuen dürfen. Wir wissen ihr Vertrauen in uns sehr zu schätzen!

## 1.4 Gliederung des Buches

Bevor es im nächsten Kapitel so richtig losgeht, möchten wir euch noch kurz den Aufbau dieses Buches erklären.

Das Buch ist weitestgehend so aufgebaut, dass es dem zeitlichen Ablauf der Hochzeitsplanung entspricht. Lest ihr das Buch chronologisch, folgt also alles einer logischen Reihenfolge. Natürlich könnt ihr aber auch einzelne Kapitel überspringen oder später noch einmal nachlesen. Die Kapitel sind in sich abgeschlossene Einheiten.

## 2. Der Anfang

## 2.1 Den eigenen Weg finden

Die Planung der eigenen Hochzeit ist nicht einfach. An vielen Ecken und Enden kann bei einem selbst oder einem Dienstleister etwas falsch laufen, wenn man es nicht gut geplant hat und sich auf seine Dienstleister nicht zu 100 % verlassen kann.
Aber macht euch nicht allzu große Sorgen, denn mit diesem Ratgeber bekommt ihr eine Schritt-für-Schritt-Anleitung mit an die Hand.

Lasst euch nicht durch die große Anzahl an Infos erschlagen, die in diesem Buch, aber auch von Eltern, Verwandten und Freunden auf euch einprasseln werden.
Denn was ihr nicht vergessen solltet, ist der Spaß, den ihr sowohl während der gesamten Vorbereitung als auch am Hochzeitstag selbst haben solltet.
Ein wichtiger Ratschlag auf dem Weg zu eurer ganz eigenen „perfekten" Hochzeitsfeier ist, nur auf Tipps von anderen zu hören, wenn sie euch selbst auch wirklich gefallen.
Versucht euch dem ständigen „Das macht man aber so" oder auch „Dies sollte aber ganz anders sein" zu widersetzen.
Hört ihr auf alle Stimmen, die auf euch einreden, führt dies nur dazu, dass ihr am Ende mit eurer eigenen Feier nicht zufrieden seid.

Früher gab es vielleicht noch das typische „Schema F" bei Hochzeiten, was ungefähr so ablief:

14.00 Uhr: Messe
15.00 Uhr: Kaffee und Kuchen bei den Schwiegereltern, eventuell im Café
18.00 Uhr: Abendessen
20.00 Uhr: Hochzeitstanz mit Kapelle
23.00 Uhr: Ende der Veranstaltung

Heutzutage ist jede Hochzeit individuell und anders. Plant und gestaltet also nach eurem Geschmack, ohne zwanghaft bestimmten Normen entsprechen zu müssen. Das bringt euch den meisten Spaß!

## 2.2 Wann sollte mit der Planung begonnen werden?

Der mit Abstand beste und einzig wahre Tipp ist hier ein simples „So früh wie möglich". Besonders wenn ihr einen festen Wunschtermin habt, der an einem Samstag in der Hauptsaison von Mai bis September liegt, ist es ratsam, quasi sofort nach der Verlobung mit den ersten Recherchen und Planungen zu beginnen.
Aber vermutlich habt ihr nach der Verlobung sowieso die gesamte erste Nacht wach gelegen und, wenn auch nur still und heimlich im Kopf, schon die ersten Überlegungen gemacht. Richtig so, denn gerade am Anfang der Verlobungszeit ist man motiviert und voller Tatendrang.
Viele Locations und Dienstleister sind an bestimmten Daten bereits über ein Jahr im Voraus ausgebucht. Kein Wunder – schließlich heiraten jährlich etwa 400 000 Paare in Deutschland.

Insbesondere die Reservierung der Location sollte früh erfolgen. Denn schließlich ist dies das eine Element, was auf wirklich keiner Hochzeit fehlt. Die einzige Ausnahme wäre wohl, wenn ihr vorhabt, im eigenen Garten zu feiern. Über Sinn und Unsinn dieser Idee aber später mehr.
Im nächsten Schritt, nach der Buchung der Location, folgen die Dienstleister, die nur einen Termin pro Tag annehmen können, wie Fotografen, DJs und Bands.
Schließlich solltet ihr euch um die Dienstleister kümmern, die auch mehrere Termine für denselben Tag annehmen können. Das sind etwa Floristen, Stylisten, Konditoren und größere Caterer.

In Bezug auf die Regel, so früh wie möglich anzufangen, kann man sagen, dass es nicht schlecht ist, wenn man ein bis eineinhalb Jahre vor der eigentlichen Hochzeit anfängt. Dann findet man zumeist noch freie Samstage in seiner Traumlocation und die meisten Dienstleister stehen einem zur freien Verfügung.

Wenn man über ein Jahr Planungszeit hat, kann man ebenfalls noch gemütlich auf Hochzeitsmessen gehen und sich in Blogs sowie bei Pinterest und Tumblr informieren.

Auch solltet ihr darauf achten, dass teilweise kleinere Sachen, wie Deko und Gastgeschenke, die man selbst bestellt, recht lange Lieferzeiten von ein bis zwei Monaten haben. Sogar wenn man sie auf Plattformen wie Amazon bestellt, da sie oft aus dem Ausland kommen und einen weiten Weg bis nach Deutschland haben.

Ebenfalls ist die Lieferzeit von bestimmten Brautkleidern oft sehr lang. Diese haben oft Lieferzeiten von vier und mehr Monaten und müssen anschließend noch mindestens einmal angepasst werden, um perfekt zu sitzen.

## 2.3 Organisation und Planung

Verrennt euch nicht in Details. Ja, eure Hochzeit soll perfekt werden, aber glaubt uns, wenn wir euch sagen, dass ein Verrennen in die kleinsten Details besonders in der Anfangsphase nur dazu führt, dass ihr schnell frustriert seid und glaubt, dass ihr es niemals perfekt hinbekommen werdet.

In der klassischen Managementlehre gibt es das sogenannte Paretoprinzip. Es besagt, dass mit 20 Prozent des Einsatzes 80 Prozent an Perfektion erreicht wird. Um die restlichen 20 Prozent zu erreichen, wird andererseits 80 Prozent der Zeit benötigt. Jetzt mögt ihr euch vielleicht denken: „Mag sein, aber wir würden gerne trotzdem die zu einhundert Prozent perfekte Hochzeit haben!" Das ist auch schön und richtig. Um euch dabei zu helfen, haben wir schließlich diesen Ratgeber geschrieben. Jedoch führt übertriebener Perfektionismus niemals zu einem perfekten Ergebnis und ihr werdet wesentlich bessere Ergebnisse erzielen und mehr Spaß dabei haben, wenn ihr euch die 80/20-Regel immer vor Augen haltet.
Als kleine Beruhigung lasst euch gesagt sein, dass eure Dienstleister euch gerne dabei helfen werden, die restlichen 20 Prozent zur Perfektion zu erreichen.

Wie gesagt solltet ihr nicht direkt mit der Detailplanung beginnen. Fangt erst einmal ganz von vorne an und entwickelt einen ersten, groben Plan von eurer Feier.
Dazu ist es wichtig, überhaupt einmal zu wissen, wie viel Zeit ihr für die Planung habt. Anschließend ist die Planung in Blöcke einzuteilen. Ein möglicher Vorschlag für so einen Zeitablauf wäre folgender:

1. Gästeanzahl bestimmen
2. Auswahl der Location
3. Hochzeitsdatum festlegen
4. Auswahl der Dienstleister, des Standesamtes und der Kirche
5. Erste Überlegungen zur Deko und zum Blumenschmuck

Getreu dem Motto: Zuerst muss das Fundament stehen, dann wird das Haus darauf erbaut und zum Schluss wird es eingerichtet.

Im folgenden Kapitel „Alles auf einen Blick" seht ihr, wann welches Thema angegangen werden sollte.

Natürlich müsst ihr nicht alles alleine planen. Familie und enge Freunde könnt ihr vorsichtig um Hilfe bitten. Seid jedoch nicht zu offensiv. Denn dann kann es sein, dass euch Menschen zusagen, die eigentlich gar keine Lust und Zeit dazu haben, zu helfen. Damit würdet ihr weder euch noch den Miteingespannten weiterhelfen. Denn diejenigen würden vermutlich nur halbherzig helfen und am Ende nicht euren Vorstellungen gerecht werden. Was auf keinen Fall passieren sollte, ist, dass Freundschaften unter der Hochzeit belastet werden.

Seid ihr selbst beruflich sehr stark eingespannt, kann es eventuell sinnvoll sein, die professionelle Hilfe eines Weddingplaners oder Dekorateurs in Anspruch zu nehmen. Mehr dazu im Kapitel „Dienstleister".

Ein Tipp ist es, zwei verschiedene Ordner anzulegen: Dabei sammelt ihr in einem der Ordner Inspirationen und Ideen, die euch so oder in abgewandelter Form für eure eigene Hochzeit gefallen würden. Der zweite Ordner ist für alles Organisatorische rund um euren Hochzeitstag und die Vorbereitungen. Hier werden alle Angebote, Verträge, Menükarten, Getränkekarten, Einladungen usw. gesammelt. Eben alles, was schon fix und vertraglich geregelt ist.

Den Inspirationsordner könnt ihr ruhigen Gewissens auf dem Computer bzw. online abspeichern. Sollte dieser verloren gehen, ist es kein Drama.

Der Organisationsordner dagegen sollte auf jeden Fall auch in ausgedruckter Form vorliegen. Zum einen, weil das sicherer ist, und zum anderen, damit auch nach der Hochzeit alles in gebündelter Form vorliegt. So könnt ihr es euch immer wieder anschauen und euch an den schönsten Tag eures gemeinsamen Lebens zurückerinnern.

Eine mögliche Aufteilung für den Hochzeitsordner könnte wie folgt aussehen:

1. Organisation und Ablauf
2. Inspirationen
3. Location
4. Catering und Getränke
5. Hochzeitstorte und Kuchen
6. DJ und/oder Band

7. Sonstiges Unterhaltungsprogramm (Feuerwerk etc.)
8. Fotograf und Videograf
9. Papeterie und Einladungen
10. Deko und Floristik
11. Make-up und Friseur
12. Ringe
13. Sonstiges

> Info:
> Ideen könnt ihr in einer Dropbox, auf die beide Zugriff haben, abspeichern. So könnt ihr auch jederzeit unterwegs vom Handy darauf zugreifen und euch neue Ideen merken.
> Auch WhatsApp ist super für die Planung geeignet. Erstellt doch zwei Hochzeitgruppen. Eine nur für euch beide. Anders als in eurem privaten Chat schreibt ihr hier nur über für die Hochzeit relevante Themen. Die andere Gruppe erstellt ihr mit allen in die Hochzeit involvierten Helfern. So habt ihr immer alle Chats, in denen es um die Hochzeit geht, geordnet an einer Stelle.

Eine Idee, die uns erst vor kurzer Zeit begegnete, ist, sich eine gemeinsame Hochzeits-E-Mail-Adresse anzulegen. Diese bietet zwei Vorteile: Zum einen hat man übersichtlich und in gebündelter Form alles, was mit der Hochzeit zu tun hat, vorliegen. Der zweite Vorteil ist, dass ihr nach der Hochzeit nicht von den Dienstleistern oder Webseiten, auf denen ihr euch zur Hochzeitsvorbereitung angemeldet habt, mit Werbung zugespammt werdet.

Wichtig für eure Planung und Rechtssicherheit ist es, von Dienstleistern schriftliche Auftragsbestätigungen anzufordern.
Ebenso ist es für euch besser, wenn ihr Dienstleistern, die ihr nicht buchen möchtet, immer per Mail absagt und eventuell noch eine Eingangsbestätigung dieser Mail anfordert. So gibt es Klarheit für alle Beteiligten.

> Anekdote:
> Bei einer Hochzeit in unserer Villa war es tatsächlich so, dass am Hochzeitstag zwei Feuerspucker auftauchten, obwohl nur einer bestellt war. Das Hochzeitspaar hatte mehrere Feuerspucker gleichzeitig angefragt und vergessen, einem der beiden ausdrücklich abzusagen. Erst einmal brachte das natürlich Unruhe in die Veranstaltung. Da es eine Freitagshochzeit war und der Feuerspucker auch keine Alternativveranstaltung in Aussicht hatte, konnte das Problem aber schnell und ohne viel Aufwand aus der Welt geschafft werden.

Erledigte Punkte solltet ihr auf eurer eigenen To-do-Liste abhaken. Dies gibt eine Übersicht und ist psychologisch sinnvoll, da es motivierend wirkt, zu sehen, was man erreicht hat.

Ihr solltet, falls ihr nicht schon einen absoluten Favoriten als Location oder Dienstleister habt, immer jeweils mehrere Angebote von verschiedenen Stellen einholen. So bekommt ihr ein Gefühl dafür, was ein fairer Preis ist, und werdet nicht über den Tisch gezogen.

Habt ihr euch für einen Dienstleister entschieden, solltet ihr ihn zeitig verbindlich buchen, um zu garantieren, dass er keinen anderen Auftrag annimmt.

## 2.4 Alles auf einen Blick – Wann solltet ihr was erledigen

**18-6 Monate vor dem Fest (je nachdem, wie viel Zeit ihr habt)**

- Verlobung
- In welchem Stil soll geheiratet werden?
- Budget festlegen
- Grobe Gästeliste erstellen
- Location suchen
- Trautermin(e) festlegen
- Safe the Date-Karten versenden
- Trauzeugen, Zeremonienmeister, Groomsmen & Bridesmaids bestimmen
- Junggesellen-Abschied planen (durch eure Freunde)

**12-6 Monate vor dem Fest**

- Standesamttermin festlegen
- Termin für die kirchliche Trauung festlegen bzw. freien Redner suchen
- Einladungen verfassen und versenden
- Caterer auswählen
- Hochzeitstorte auswählen
- Urlaub beantragen und buchen
- Brautkleidsuche beginnen
- Fotografen suchen
- DJ/Band suchen
- Sänger/Chor suchen
- Hotels buchen
- Aufsicht für Kinder organisieren

**6 Monate vor dem Fest**

- Trauung planen
- Prüfung aller Dokumente
- Trauringe auswählen
- Ggf. Tische, Stühle, Hussen usw. mieten
- Bräutigam ausstatten
- Trauzeugen, Brautjungfern & Blumenkinder ausstatten
- Floristik und Dekoration auswählen

**5 Monate vor dem Fest**

- Bei Selbstversorgern: Essen und Getränke planen
- Servicepersonal auswählen (wenn nicht durch Location o. Caterer)
- Friseur & Styling testen
- Tanzkurs belegen
- Menüfolge festlegen
- Getränke festlegen
- Polterabend planen

**4-3 Monate vor dem Fest**

- Ablaufplan der Hochzeit erstellen
- Gastgeschenke organisieren
- Kirchenhefte, Speisekarten und Sitzkarten bestellen

**2 Monate vor dem Fest**

- Grobe Sitzordnung planen
- Brautstrauß bestellen
- ins Sonnenstudio gehen (falls gewünscht)

**1 Monat vor dem Fest**

- Hochzeitsrede schreiben
- Dienstleister über Ablauf informieren
- Helfer über Ablauf informieren
- Sitzplan überarbeiten

**Die letzte Woche vor dem Fest**

- Termine der Dienstleister noch einmal bestätigen lassen
- Kleid abholen
- Kleidung, Dokumente und Ringe bereitlegen
- Beautyprogramm
- Wenn es direkt danach in die Flitterwochen geht: packen
- Location dekorieren und letzter Check

## 3. Stil festlegen

Als wahren Trend gibt es in den letzten Jahren immer häufiger Themen- und Mottohochzeiten. Es hängt dabei sehr stark vom jeweiligen persönlichen Interesse und Geschmack ab, ob einem diese Art zu feiern zusagt.

Habt ihr zu einem Thema einen Bezug, bietet es sich an, dies als Motto zu wählen und so eine einzigartige Hochzeit zu kreieren. Habt ihr beispielsweise beide eine große Leidenschaft für eine Serie, könnt ihr eure gesamte Hochzeit auf diese Serie abstimmen. Oder habt ihr euch etwa im Auslandssemester in Barcelona kennen gelernt? Dann könntet ihr die Stadt, das Land oder ein maritimes Motto für eure Hochzeit wählen.

Ihr solltet allerdings beachten, dass dies mit teils großem Aufwand und eigener Bastelarbeit verbunden ist.

> **Anekdote:**
> In unserer Location erinnern wir uns gerne an zwei besonders aufwendige Hochzeiten zurück. Eine hatte als Motto die Fernsehserie „Star Trek". Was erst einmal komisch klingt, hatte das Hochzeitspaar sehr gut umgesetzt. So richteten sie beispielsweise ein Zimmer als Kino ein. Es gab Popcorn, Nachos und alles, was dazu gehört.
> Die andere Hochzeit war eine 20er-Jahre-Feier, bei der sogar die Gäste passend gekleidet waren.

Habt ihr euch für eine Mottohochzeit entschieden, empfiehlt es sich, dieses Motto schon bei den Save the Date- und Einladungskarten umzusetzen. So habt ihr hinterher die gesamte Hochzeit in einem einheitlichen Look.

Eine Idee, die wir schon einige Male gesehen haben, ist, dass Paare ihr eigenes Hochzeitslogo gestalten lassen oder sogar selbst entwerfen. Dieses Logo findet dann auf allem Schriftlichen Platz, also auf den Save the Date- und Einladungskarten, dem Tagesablauf, den Liederheften in der Kirche, dem Tischplan und den Tischnummern, Namensschildchen, Speisekarten sowie den Danksagungen. Auf der Hochzeitstorte kann das Logo aus Schokolade oder Fondant gearbeitet werden.

Entscheidet ihr euch für ein Hochzeitslogo, solltet ihr es als Datei sichern und aufbewahren. So könnt ihr es dann auch noch in 50 Jahren zu eurer Goldenen Hochzeit erneut verwenden.

## 3.1 Wo man Ideen findet

Gibt es kein bestimmtes Thema, was euch verbindet, so könnt ihr euch im Internet Anregungen holen. Diese bieten für den Anfang eine Orientierung und sind an den eigenen Geschmack anpassbar.

Auf Instagram, Pinterest und Tumblr findet ihr viele Inspirationen für eure eigene Hochzeit. Besonders Pinterest ist rund ums Thema Hochzeiten beliebt. Hat man sich kostenlos auf der Seite angemeldet, kann man Ideen, die einem zusagen, „anpinnen". So findet man die Fotos und Motive, die man mag, schnell wieder.
Auch Facebookgruppen bieten sich zur Ideenfindung an. Vor allem zum Austausch mit anderen Hochzeitspaaren sind sie ebenfalls gut geeignet.
„Hochzeitswahn.de" ist ebenso eine perfekte Seite, um sich Inspirationen für die eigene Hochzeit zu holen.
Aber auch kleinere Blogs sind geeignet. Zum Teil sind diese regional und eignen sich auch zur Suche nach Dienstleistern. Viele Blogbetreiber kleinerer Blogs antworten auch gerne auf eure Fragen.

Zum Thema Hochzeiten gibt es natürlich ebenfalls viele Magazine, Zeitschriften und Broschüren, die ihr als Inspirationsquelle und zur Dienstleistersuche nutzen könnt. Selbst die Werbeanzeigen in den Magazinen sind oft hilfreich und nicht mit der Werbung in anderen Zeitschriften vergleichbar. Hier gibt es häufig nur Anzeigen zum Thema Hochzeit.

### 3.1.1 Hochzeitsmessen

Messen und Ausstellungen sind vor allem zu Beginn der Planung sinnvoll und bieten einen Überblick. Überlegt aber im ersten Schritt, ob ihr eher auf eine große Hochzeitsmesse mit vielen verschiedenen Ausstellern möchtet oder auf eine kleinere, auf der man sich dann aber oft intensiver mit den einzelnen Ausstellern unterhalten kann.

Auf Hochzeitsmessen gibt es manchmal sogar Dienstleister, an die man vorher nicht gedacht hat. So bekommt man mitunter ganz neue Impulse.
Wir empfehlen euch, dass ihr online nach den anwesenden Ausstellern schaut und euch mitunter schon Fragen, die ihr habt, überlegt. Im Gespräch werdet ihr recht schnell merken, ob ein Aussteller zu euch passt und ob ihr euch eine Zusammenarbeit mit ihm vorstellen könnt. Nennt ihm dann auch schon das Datum, die erwartete Anzahl an Gästen und zeigt ihm, falls ihr schon eine Location habt, entsprechende Fotos.

Auf der Hochzeitsmesse kann es sinnvoll sein, sich die Flyer von Dienstleistern, die einem gefallen haben, zu markieren und Stichpunkte des Gesprächs mit dem Dienstleister aufzuschreiben. So ist es zu Hause einfacher, sich an die Gespräche zu erinnern. Denn auf der Messe werdet ihr vermutlich erst einmal von der Fülle an Informationen, die auf euch einprasseln werden, erschlagen. Ohne Stichpunkte wird es euch schwerfallen, hinterher die verschiedenen Informationen den einzelnen Dienstleistern zuzuordnen.

Nach eurem Gespräch können einige Aussteller auch schon ein Vorabangebot erstellen.
Jedoch solltet ihr ebenfalls nicht zu vorschnell entscheiden oder euch gar unter Druck setzen lassen.
Versucht ein Aussteller, euch zu einer Unterschrift zu drängen, so ist das eher unseriös und ihr solltet euch gut überlegen, ob ihr mit diesem Aussteller zusammenarbeiten wollt.
Eine Ausnahme könnte sein, wenn ihr euch wirklich sehr sicher seid und schon vor der Messe mit diesem Aussteller geliebäugelt habt.
Manchmal bieten euch Dienstleister einen Messerabatt von bis zu 20 Prozent.
Bei den meisten seriösen Ausstellern gilt dieser Messerabatt bis zu 14 Tage nach der Messe. Fragt den Aussteller also unbedingt nach einem möglichen Rabatt und wie lange dieser gültig ist.

## 4. Das Hochzeitsbudget

Wenn ihr zum ersten Mal heiratet, fällt es euch vermutlich schwer, einzuschätzen, wie viel eine Hochzeit kostet, oder ihr schätzt bestimmte Kostenblöcke ganz falsch ein. Die schlechte Nachricht ist, dass die meisten Kosten wahrscheinlich am Ende höher ausfallen, als ihr im ersten Augenblick vermutet. Sobald das Wort „Hochzeit" fällt, wird vieles teurer, was aber keine Gemeinheit der Dienstleister ist. Auch wollen sie euch das Geld nicht bloß aus der Tasche ziehen. Der Grund ist häufig, dass Dienstleister an eurem besonderen Tag eine wesentlich höhere Verantwortung haben als etwa bei einem „einfachen" Geburtstag. Auch sie wollen und sollten an dem Tag der Tage alles perfekt machen und werden so betriebsintern einen höheren Aufwand haben. Dieser Aufwand muss natürlich entlohnt werden.

Eine gute Methode, die Gesamtkosten der eigenen Vermählung einzuschätzen, ist es, sich bei Freunden umzuhören, wie viel deren Hochzeiten gekostet haben. Dabei sollte man natürlich darauf achten, dass diese Feiern in Stil und Größe ungefähr den eigenen Vorstellungen entsprechen. Denn eine Hochzeit mit 120 Personen auf einem exklusiven Schloss ist preislich absolut nicht mit einer 50-Personen-Hochzeit im Gemeindesaal vergleichbar.

Wenn ihr Familie und Freunde zum Helfen bei der Planung und Durchführung der Hochzeit mit einspannt, könnt ihr sehr viel Geld sparen. Das kann jedoch auch eine Menge an Zeit und Nerven rauben. Gerade wenn man beruflich und privat schon stark eingespannt ist, ist es manchmal sinnvoller, sich und seine Freunde zu schonen und sich auf professionelle Dienstleister zu verlassen. Denn diese sind in der Regel Experten auf ihrem Gebiet und wissen Zeit und Aufwand exakt zu planen.

Es ist auf jeden Fall sinnvoll, sich, nachdem man die ersten Parameter wie Gästezahl und Art der Location geplant hat, einen Budgetrahmen zu stecken. So könnt ihr rechtzeitig gegensteuern, bevor euer Budget völlig aus dem Rahmen fällt.

## 4.1 Das Hochzeitsbudget errechnen

Hier ist eine Faustformel für die Errechnung eures zur Verfügung stehenden Budgets:

> Budget = Erspartes + Ansparungen bis zum Zeitpunkt der Hochzeit
> + Zuwendungen der Verwandtschaft + erwartete Geldgeschenke

Um das Budget und die Ausgaben immer unter Kontrolle zu haben, empfehlen wir zwei Werkzeuge: Ein gemeinsames Hochzeitskonto sowie eine Tabelle, in der alle bereits gezahlten und noch fälligen Geldbeträge aufgeschrieben werden. Eine sehr ausführliche Tabelle bekommt ihr in unserem Buch „Schritt für Schritt ins Eheglück – der Weddingplaner". Alternativ könnt ihr euch selbst eine Excel-Tabelle anlegen und dort eure Kosten notieren.
In der Liste könnt ihr gleich den ersten Posten notieren – den Kauf dieses Buches. Denn es ist wichtig, auch noch so kleine Beträge festzuhalten.

Ein gemeinsames Hochzeitskonto ist besonders gut geeignet, um nicht urplötzlich von bestimmten Kosten erschlagen zu werden.
In der Ansparphase, die vor eurer Trauung stattfindet, könnt ihr es so halten, dass ihr jeden Monat einen zuvor festgelegten Betrag überweist. Auch Geldgeschenke, die ihr vor und während der Hochzeit bekommt, zahlt ihr hier ein. Ebenfalls solltet ihr alle Ausgaben von diesem Konto aus tätigen.

## 4.2 Was kostet eine durchschnittliche Hochzeit?

Grundsätzlich sind Location und Verpflegung der Gäste bei einer Hochzeit am teuersten. Das gilt sowohl für eine Hochzeit auf Schloss Neuschwanstein auch als für eine Feier in der örtlichen Dorfschänke. Grob gesagt schlucken diese beiden Posten häufig 40 bis 60 Prozent des Gesamtbudgets.

Habt ihr euch für eine Location entschieden, ist die einzige Möglichkeit, hier noch zu sparen, die Hochzeit an einem ungewöhnlichen Tag wie einem Freitag oder außerhalb der klassischen Hochzeitssaison zu veranstalten. Denn dann haben Locations häufig Kapazitäten frei und gewähren einen Rabatt.

Grob geschätzt könnt ihr für Location, Essen, Getränke und mit allem Drum und Dran mit folgenden Ausgaben pro Person rechnen:
Auf dem Land und in einfachen Gasthöfen geht es ab 60 Euro los.
In größeren Städten betragen die Preise ab 100 Euro.
Wollt ihr auf einem Schloss, einer Burg oder einer anderen exklusiven Location heiraten, so ist mit 145 Euro aufwärts pro Person zu rechnen.
Dabei sind nach oben selbstverständlich keine Grenzen gesetzt.

Als Radikalmaßnahmen zum Einsparen empfehlen wir drei Möglichkeiten:
1. Am späten Nachmittag heiraten – hier spart man allerdings nur am Essen und den Getränken, falls keine Flatrates ausgemacht wurden.
2. Weniger Gäste einladen.
3. Einige Gäste nur als Partygäste einladen.

Die erste Variante halten wir für die Unkomfortabelste. Denn so kann es sein, dass ihr nicht alle Programmpunkte in dem noch verbliebenen Tag umsetzen könnt, und es ist möglich, dass die Gäste einfach länger bleiben. Dies würde de facto keine Ersparnis bedeuten.
Die Idee, Partygäste einzuladen, empfehlen wir dagegen sehr. Denn zum einen ist hier wirkliches Einsparpotential gegeben: Ihr werdet über den Tag weniger Getränke konsumieren, als wenn ihr mit einer größeren Gesellschaft gefeiert hättet. Außerdem braucht ihr so eine geringere Menge an Tischwäsche und Personal. Besonders am Catering könnt ihr so enorm sparen. Denn die Partygäste sollten erst nach dem regulären Abendessen kommen und so müsst ihr diesen nur Snacks oder einfachere Speisen anbieten.

Den Gesamtkosten einer Hochzeit sind grundsätzlich fast keine Grenzen gesetzt und sie kann sehr teuer werden. Deshalb ist es sinnvoll, sich vor der Planung eine Prioritätenliste zu erstellen. Man sollte dann schauen, wofür man bereit ist, ein bisschen mehr Geld auszugeben, und wo einem eine einfachere und günstigere Variante ausreicht.

Clever ist es, wenn beide Partner getrennt voneinander eine Prioritätenliste erstellen, um sie anschließend miteinander abzugleichen. So seht ihr, wo es Überschneidungen gibt und worüber ihr diskutieren könnt. Anschließend solltet ihr dann eine gemeinsame Liste erstellen, mit der ihr beide einverstanden seid.
Faktoren, die bei euch Beachtung finden sollten, sind: Location, Essen, Getränke, DJ und Musik, Fotograf, Kleidung und Make-up, Dekoration und Blumenschmuck sowie das Rahmenprogramm und Entertainment.

Habt ihr eine gemeinsame Prioritätenfolge festgelegt, wisst ihr, was euch wichtig ist. Bei Dingen, die auf der Liste weiter unten stehen, könnt ihr dann getrost auf Schnickschnack verzichten, eine einfachere Ausführung wählen und so Geld sparen.

Nach der ersten Recherche im Internet lohnt es sich, Bankettmappen (so nennt man die Preislisten der Locations) und Vorabangebote von verschiedenen Dienstleistern einzuholen. So gewinnt ihr einen ersten Überblick darüber, wie die Preise in eurer Region sind. Denn die Preise können regional und saisonal stark schwanken.

Checkliste:
1. Prioritäten festlegen
2. Gästeliste erstellen. Kommen Partygäste in Frage?
3. Datum: Muss es an einem Samstag im Sommer sein oder sagt euch auch ein Freitag oder eine andere Jahreszeit zu?
4. Do-it-yourself. Was könnt ihr selbst machen?

## 4.3 Hochzeitsgeschenke

Um einigen der Gäste die Suche nach einem passenden Hochzeitsgeschenk zu ersparen und die eigenen Ausgaben für die Hochzeit geringer zu halten, kann man sich einige Eventpunkte und unabdingbare Elemente wie die Hochzeitstorte oder den DJ schenken lassen. Dabei ist darauf zu achten, dass dieses Geschenk in das Budget des Schenkenden passt und nicht aus dem Rahmen fällt. Dies wäre unangenehm für beide Parteien.

Was die Geschenke angeht, sollte man aber ansonsten keine falsche Bescheidenheit walten lassen. Ihr könnt ruhigen Gewissens schon auf die Einladungskarten schreiben, dass ihr euch über Geldgeschenke freut. Die Zeiten, in denen ein Brautpaar Dinge wie Geschirr und andere Haushaltsutensilien geschenkt bekommen hat, sind schon lange vorbei. Denn zum einen werdet ihr vermutlich seit einiger Zeit zusammenwohnen und zum anderen ist es bei der heutigen Vielfalt an Stilen und Designs für die Schenkenden schwierig, genau euren Geschmack zu treffen.

Viele Gäste werden euch im Gegenteil äußerst dankbar sein, da sie ohnehin nicht wissen, was sie euch schenken sollen. Wenn es euch zu plump erscheint, auf die Einladungen zu schreiben, dass ihr Geldgeschenke bevorzugt, ist es möglich, diese Nachricht in einen lustigen und zu euch passendem Spruch zu verpacken. Anregungen dazu findet ihr in unserem Buch „Schritt für Schritt ins Eheglück – der Weddingplaner".

### 4.3.1 Wie viel kann man an Geldgeschenken erwarten?

Wie vorhin geschildert, errechnet sich euer Hochzeitsbudget zum Teil aus den Geldgeschenken, die man euch machen wird. Hierbei solltet ihr aber realistisch und im Zweifel sogar pessimistisch schätzen, wie hoch diese ausfallen werden.

Habt ihr viele junge Gäste, die studieren oder sich in den ersten Jahren des Berufslebens befinden, so sind geringere Geldbeträge zu erwarten, als wenn eure Hochzeitsgesellschaft aus Leuten besteht, die schon einige Jahre im Berufsleben hinter sich haben.
In gleicher Weise werden euch Bekannte, Freunde und Arbeitskollegen tendenziell eher weniger schenken als eure engere Familie.

Ebenfalls beachten solltet ihr, dass manche Gäste Geld zu unpersönlich finden und – obwohl es auf den Einladungskarten erwähnt ist – dennoch etwas anderes als Geld schenken werden. Das ist unvermeidbar und völlig normal. Aber ärgert euch hinterher nicht darüber. Diese Leute haben es nur gut gemeint und angestrebt, euch eine Freude zu bereiten, indem sie euch ein Geschenk überreichen.

Als Faustregel gilt, als Hochzeitsgast ungefähr so viel zu schenken, dass davon die eigens konsumierten Getränke und Speisen bezahlt werden können.
Grob gesagt und unserer Erfahrung entsprechend, halten wir 50 Euro pro Person an Geschenken für realistisch. Natürlich ist aber, wie bereits erwähnt, jede Hochzeitsgesellschaft anders und diese Zahl dient nur als grober Richtwert. Vermutlich fällt es euch selbst einfacher, die von euch eingeladenen Personen einzuschätzen. Auch ein Abschlag für Absagen etc. sollte in der Kalkulation nicht vergessen werden.

## 4.3.2 Modernes Schenken

Eine weitere Möglichkeit ist es, seine Gäste um digitale Geschenke zu bitten. Dies wirkt mitunter unpersönlich, kann aber eine große Hilfe sein.

Hier gibt es drei Varianten:

1. Ein digitaler Wunschzettel auf Amazon:
Habt ihr ein Amazonkonto, könnt ihr ganz einfach eine digitale Hochzeitsliste anlegen.
In diese Liste könnt ihr alle Produkte einfügen, die ihr gerne haben würdet. Die Hochzeitsgäste können euch dann eure Wünsche erfüllen und die Produkte werden automatisch an euch verschickt.
So geht ihr doppelten Geschenken in jedem Fall aus dem Weg und ihr bekommt nur das geschenkt, was ihr euch wirklich wünscht.
Beim Erstellen der Liste solltet ihr darauf achten, euch Produkte verschiedener Preisklassen zu wünschen. So werdet ihr den unterschiedlich großen Geldbeuteln eurer Gäste gerecht.
Soll es nicht auf Amazon sein, könntet ihr auch eine digitale Liste bei einem anderen Anbieter erstellen. Einen Link findet ihr auf unserer Homepage.

2. Ihr wünscht euch eine Überweisung auf euer gemeinsames Hochzeitskonto mit dem Ausführungsdatum an eurem Hochzeitstag. Bei welcher Bank ihr ein völlig kostenloses Konto anlegen könnt, findet ihr ebenfalls auf unserer Internetseite.

3. Ihr legt ein digitales Spendenkonto für einen guten Zweck an. Dies ist die eleganteste und schönste Variante. So könnt ihr zu eurer Hochzeit gleichzeitig etwas Gutes tun. Auf unserer Internetseite findet ihr einen Link zu einer Seite, auf der ihr euch ein Spendenprojekt aussuchen könnt. Eure Gäste können dann einen beliebigen Betrag an dieses Projekt spenden.

Natürlich ist auch eine Mischform möglich. So könnt ihr darum bitten, dass jeder Hochzeitsgast zumindest einen kleinen Betrag für einen von euch ausgesuchten guten Zweck spendet.
Ähnlich wie bei dieser Variante könnt ihr aber auch am Hochzeitstag selbst ein Sparschwein aufstellen, in das eure Gäste für einen guten Zweck einzahlen können.

Das digitale Schenken hat den Vorteil, dass sich am Hochzeitstag keiner um die Geschenke kümmern muss.

Auch wenn die Location, in der ihr heiratet, und alle Dienstleister in 99 Prozent der Fälle natürlich hoch professionell sind und vermutlich nichts wegkommen wird. Aber es gibt dennoch immer schwarze Schafe und ihr solltet am Hochzeitstag darauf achten, dass besonders Geldgeschenke am besten immer sofort in einen abschließbaren Raum oder in ein Auto kommen. So bietet man Dieben keine Gelegenheit und geht eventuellen Ungereimtheiten elegant aus dem Weg.

## 5. Gästeliste

Wen man einlädt und wen nicht, ist eine der schwierigsten, zugleich aber auch wichtigsten Fragen der Hochzeitsplanung. Denn einerseits möchte man natürlich alle vertrauten Personen dabei haben und will niemandem durch eine Nicht-Einladung vor den Kopf stoßen. Andererseits ist es oft aus verschiedenen Gründen nicht möglich, seinen gesamten Bekanntenkreis einzuladen.

Eine Hochzeit wird im Wesentlichen durch drei Faktoren bestimmt: 1. Gästeliste, 2. Location, 3. Datum.

Es bleibt natürlich euch selbst überlassen, in welcher Reihenfolge ihr eure Prioritäten setzt. Und wenn ihr beispielsweise schon eure exakte Traumlocation vor Augen habt, dann solltet ihr auch dort heiraten. Wenn ihr euch aber noch nicht genau festgelegt habt, empfehlen wir euch zuerst, zumindest eine grobe Gästeliste, anhand derer ihr die Personenzahl abschätzen könnt, zu erstellen und mit dieser Zahl dann auf Locationsuche zu gehen. Denn was ist frustrierender, als nach langer Suche seine Wunschlocation gefunden zu haben, um dann hinterher festzustellen, dass diese Location leider zu klein ist, um alle euch wichtigen Personen einladen zu können?

Mit der geschätzten Personenzahl kann euch der Locationmanager schon eine beachtlich genaue Kostenkalkulation erstellen und ihr wisst, wo ihr kostenmäßig stehen werdet. Solltet ihr schon wissen, dass Kinder mit auf eurer Hochzeit sein werden, lohnt es sich, deren Anzahl und Alter zu notieren. Oft können Kleinkinder kostenlos und Kinder bis 14 oder 16 Jahren zu einem ermäßigten Preis in der Location mitfeiern.

Die Gästeliste sollte als Ausgangspunkt für die weitere Planung gesehen werden. Darauf folgen die Suche der Location und die Festlegung des genauen Datums, die Save the Date-Karten, die Einladungen und im letzten Schritt die Festlegung des Tischplans, die aber erst kurz vor eurem Hochzeitstag stattfinden sollte (ca. zwei Wochen vorher).

## 5.1 Wer (nicht) eingeladen werden muss

Vor der Erstellung der Gästeliste könnt ihr zwei Listen anlegen, die den Wichtigkeitsgrad eurer Gäste für euch widerspiegeln:

A-Personen: Trauzeugen, enge Familie und wichtige Freunde.
B-Personen: erweiterter Familienkreis, Bekannte und Arbeitskollegen.

Leute der A-Liste solltet ihr auf jeden Fall einladen.
Personen, die auf der B-Liste stehen, müssen nicht, können aber eingeladen werden. Dort solltet ihr euch Gedanken machen, ob sie euch wirklich wichtig sind und inwiefern sie euren Tag verschönern. Ihr solltet niemanden einfach nur „weil man das so macht" einladen, sondern immer in euch hineinhören und dann entscheiden.

Fühlt sich jemand auf den Schlips getreten, weil er nicht eingeladen ist, solltet ihr sachlich begründen, warum ihr ihn nicht bei eurer Hochzeit mit eingeplant habt. Ein Großteil der Leute wird eine neutrale Begründung nachvollziehen können und verstehen. Führt etwa ein begrenztes Budget oder fehlenden Platz in der gewählten Location an.
Für den Fall, dass eine wichtige Person von euch vergessen wurde und ihr dies erst später feststellt, ist es ratsam, sich eine kleine Notlüge zu überlegen.

Feste Partner eurer Gäste solltet ihr in der Regel ausdrücklich mit einladen. Wie bei jedem Punkt gilt aber auch hier: Ihr seid die Königin und der König eures Tages.
Möchtet ihr partout einen Partner eines Gastes nicht dabeihaben wollen, solltet ihr diesen Gast bitten, allein zu kommen.

Wenn ihr eine junge Hochzeitsgesellschaft habt und viele eurer Gäste in ihren wilderen Jahren mit häufig wechselnden Partnerschaften sind, könnt ihr nach der in Großbritannien üblichen Regel „No Ring, No Bring" verfahren. Dies bedeutet, dass nur verheiratete Partner mit eingeladen sind. Jedoch könnt ihr das natürlich auch etwas abschwächen, zum Beispiel, indem ihr nur Paare einladet, die seit zwei Jahren zusammen sind.

Generell kann man sagen, dass ihr folgende Personen in der Regel nicht einladen solltet:

1. Entferntere Verwandte, zu denen ihr keinen Kontakt habt und mit denen ihr selbst bei Familienfeiern nicht redet.
2. Leute, welche die Hochzeit nicht bereichern würden und die ihr hinterher nicht vermissen würdet.
3. Personen, von denen ihr genau wisst, dass sie lästern und alles schlechtreden werden, egal wie perfekt die Hochzeit für euch sein wird. Gerade solche Personen können die Stimmung der gesamten Feier in den Keller ziehen.
4. Bekannte, die wortwörtlich nur kommen würden, um sich den Bauch vollzuschlagen.
5. Menschen, die nur aus Anstand heraus kommen würden.

## 5.2 Partygäste

Habt ihr einen großen Bekanntenkreis oder Vereinsfreunde, die ihr gerne einladen würdet, denen ihr aber auf der anderen Seite nicht so nahe steht, dass ihr sie den ganzen Tag dabei haben wollt? Oder aber die Location hat nicht genug Sitzplätze beziehungsweise würde es schlicht zu teuer werden?

Dann könnt ihr von der im vorherigen Kapitel schon angesprochenen Variante der Partygäste Gebrauch machen. Wir finden, dass dies ein äußerst eleganter Weg ist, um möglichst viele Leute an dem schönsten Tag eures Lebens teilhaben zu lassen.

Wichtig ist, dass die Partygäste erst erscheinen, wenn das Abendessen vorbei ist, da ansonsten Unruhe bei den Gästen und dem Servicepersonal entsteht. Denn die neuen Gäste wollen begrüßt und unterhalten werden.
Kalkuliert für ein Buffetessen ca. zwei Stunden und rechnet noch einen Puffer von 30 Minuten hinzu. Beginnt das Abendessen um 18:30, so sollten die Partygäste für 21 Uhr eingeladen werden.

## 5.3 Die Gästeliste koordinieren

Um eure Gästeliste perfekt zu koordinieren, findet ihr eine Vorlage unter www.feltens-Coaching.de oder in unserem Buch „Schritt für Schritt ins Eheglück - der Weddingplaner".
Oder ihr legt euch eine eigene Excel-Liste an, auf der ihr wichtige Details zu den Gästen notiert.

Neben dem Namen tragt ihr hier folgende Daten ein:

1. Adresse
2. Geplante Ankunft (Tag und Uhrzeit, falls eure Gäste in einem Hotel übernachten)
3. Wo übernachtet der Gast?
4. Sind Kinder dabei? Wenn ja: Wie alt sind sie?
5. Informationen bezüglich des Essens, wie z.B. Allergien und Unverträglichkeiten. Muss etwas anderes beachtet werden? Koscher, vegetarisch, vegan etc.?

Um diese Informationen zu erfahren, ist es ratsam, auf den Einladungskarten darum zu bitten.
Die erstellte Liste oder Excel-Tabelle ist gleichermaßen dazu geeignet, um sie an den Caterer weiterzugeben. Er kann dann genau berechnen, wie viel er von welchem Essen vorbereiten muss.

Eure Gästeliste sollte unbedingt bis nach der Hochzeit verwahrt werden, damit ihr eure Danksagungen verschicken könnt.
Wenn ihr euch individuell für verschiedene Geschenke bedanken wollt, so ist es außerdem ratsam, zu notieren, von wem ihr was geschenkt bekommen habt.

## 5.4 Wo schlafen die Gäste?

Wichtig ist die Frage, wo Gäste übernachten, die eine weite Anreise haben und abends beziehungsweise nachts nicht nach Hause fahren können oder wollen.

Schließlich sind Hochzeitsgesellschaften, die ausschließlich aus Leuten bestehen, die in der Gegend wohnen, in der die Hochzeit stattfindet, eine Seltenheit.

Einzelne Locations bieten Zimmer an, in denen ihr und eure Gäste übernachten könnt. Ist das nicht der Fall, sollten Hotels in der Nähe gesucht werden. Mitarbeiter eurer Location werden sicherlich einige Empfehlungen aussprechen können.
Jedoch sollte die Fahrzeit zum Hotel 20 Minuten nicht übersteigen. Alles, was weiter weg ist, ist in der Regel nach einem langen und anstrengenden Hochzeitstag mit einer anschließenden Party zu weit weg.

Ihr seid übrigens nicht verpflichtet, die Hotelzimmer zu bezahlen. Da ihr als Brautpaar für die Hochzeit schon sehr viel Geld ausgebt, ist es unüblich, dass Kosten für die Unterbringung der Gäste übernommen werden.
Bei den Hotelvorschlägen, die ihr den Gästen macht, solltet ihr aber selbstverständlich auf das individuelle Budget der Gäste achten und nicht zu teure Hotels vorschlagen.
Wie gleich im Kapitel 7, „Das Hochzeitsdatum", geschildert, ist es oft möglich, ein bestimmtes Kontingent an Betten zu reservieren, ohne dass eine Abnahmepflicht besteht.

# 6. Location

Neben der Erstellung der Gästeliste ist die Auswahl der passenden Hochzeitslocation die wohl schwierigste Aufgabe. Schließlich hat die Location einen entscheidenden Einfluss auf den Gesamtlook eurer Hochzeit.
Wie bereits erwähnt, solltet ihr die Suche nach der passenden Location so früh wie möglich angehen. Begehrte Locations in und nahe größerer Städte sind insbesondere an den Samstagen in den Sommermonaten oft bereits bis zu einem Jahr im Voraus ausgebucht.

Eine ausreichende Recherche im Internet, ob die Location grundsätzlich euren Vorstellungen entspricht, erleichtert euch das Finden der Traumlocation ungemein und erspart am Ende eine Menge Fahrerei. Google-Bewertungen sind dabei besonders hilfreich. Sie zeigen die Stärken und Schwächen der Locations aus Sicht von ehemaligen Kunden und Gästen auf. Ihr erfahrt durch die Bewertungen auch Sachen, auf die ihr dann bei der Besichtigung achten solltet.

Lasst euch aber nicht zu stark von Bewertungen anderer beeinflussen. Die rustikale Fassade eines alten Schlosses kann für einen Kunden heruntergekommen und ungepflegt wirken, während ein anderer Kunde diesen vermeintlichen Makel als Patina bezeichnet und ansprechend findet.

## 6.1 Die passende Location erkennen

Hat man nicht von vornherein sowieso seine absolute Traumlocation im Kopf, in der man schon immer heiraten wollte, so empfehlen wir, sich mindestens zwei bis drei Locations anzuschauen, um ein Gefühl dafür zu bekommen, was einem persönlich gefällt. Allerdings solltet ihr nicht mehr als fünf bis sechs Locations besichtigen, da alles darüber hinaus zum einen sehr zeitraubend ist und zum anderen verwirren kann. Denn zu viel Auswahl kann für den Entscheidungsprozess hinderlich sein.
Bei den Führungen durch die verschiedenen Locations bekommt ihr sicherlich viele wertvolle Tipps und Anregungen für die Umsetzung eurer eigenen Hochzeit. Selbst wenn ihr euch hinterher für eine andere Location entscheiden solltet, profitiert ihr davon.

Ihr solltet die Location in jedem Fall live besichtigen. Auf Fotos wirkt vieles oft anders als in der Realität.

Sympathie ist beim ersten Besuch der Location wichtig. Ihr solltet euch mit dem Chef oder dem Mitarbeiter, der euch durch die Räumlichkeiten führt, gut verstehen. Er sollte euch kompetent auf alle eure Fragen antworten können. Auch ist es wichtig, dass er auf eure Wünsche und Fragen eingeht und nicht versucht, sie zu umgehen oder nur schwammig zu beantworten. Eure Wünsche und Vorstellungen sollten respektiert werden.

Gegen Tipps ist absolut nichts einzuwenden, denn er wird ein Profi auf seinem Gebiet sein und die Fallen, die bei einer Hochzeit lauern, kennen. Es sollte aber eben nicht jeder Einwand zurückgeworfen werden. Eher sollte konstruktiv damit umgegangen werden, so außergewöhnlich ihm eure Ideen auch erscheinen mögen. Will der Location-Manager offensichtlich nur Schema F abspielen und lässt euch selbst so gut wie keine Freiräume, raten wir euch davon ab, dort eure Hochzeit zu feiern. Denn es sollte euer schönster Tag im Leben werden, der nach euren Wünschen und Vorstellungen gestaltet wird.

Eine ordentlich organisierte Location erkennt man nicht zuletzt daran, dass ihr zeitnah, am besten noch am Tag der Besichtigung selbst, ein Angebot erhaltet. Denn wenn es schon eine Woche dauert, bis ihr überhaupt erst einmal ein Angebot bekommt, dann spricht das nicht dafür, dass in der Location bei anderen Themen, die auf euch zukommen werden, eine schnellere Arbeit erfolgen wird. In unserer heutigen schnelllebigen und fortschrittlichen Zeit gibt es keine Ausreden für eine Angebotserstellung, welche länger als zwei Tage dauert.

Das Hochzeitsdinner und die anschließende Party können in ein- und denselben oder verschiedenen Räumlichkeiten stattfinden. Hier kommt es auf die baulichen Eigenheiten der Location an. Beides bietet sowohl Vor- als auch Nachteile.

Der Vorteil, alles in einem Raum zu haben, ist, dass jeder Gast an jedem Programmpunkt teilhaben kann. Auch wenn einige eurer Gäste selbst keine Lust haben oder körperlich nicht in der Lage sind, zu tanzen, bekommen sie alles von der Party mit.

Dies ist aber zugleich auch der größte Nachteil, da automatisch die gesamte Hochzeitsgesellschaft, inklusive der schon älteren Personen, von lauter Musik beschallt wird. Die Gäste, die sich vielleicht lieber in Ruhe unterhalten wollen, werden dann gestört. Schlussendlich ist es aber auch einfach eine Geschmacksfrage.

Finden das Dinner und die Party in unterschiedlichen Räumen statt, so kann es ratsam sein, im Partyraum Stehtische und Lounge-Möbel bereitzustellen, um Ausruhmöglichkeiten zu bieten, die es aber dennoch ermöglichen, im Geschehen der Party zu bleiben.

Eine komplette Location exklusiv für sich allein zu haben, finden wir persönlich ideal. Ihr solltet unbedingt abklären, ob ihr am Tag eurer Hochzeit allein sein werdet oder eventuell parallel zu euch weitere Veranstaltungen stattfinden werden. Denn sollte dies der Fall sein, so gibt es einige Knackpunkte, die eure eigene Feier stören könnten.

So kann es sein, dass das Personal, welches für eure Feier zuständig ist, nicht das volle Augenmerk auf euch gerichtet hat. Des Weiteren kann es – auch wenn dies bei einer Hochzeit äußerst selten ist – zwischen den betrunkenen Gästen zweier separat ablaufender Veranstaltungen zu Streitigkeiten kommen. Im schlimmsten Fall sogar zu einer Schlägerei. Dies wäre das absolute Worst-Case-Szenario und würde wohl die gesamte Hochzeit sprengen.

Unter Alkoholeinfluss sind viele Leute nicht sie selbst. Vergesst das nicht!

> Anekdote:
> In einer Location unweit unserer eigenen finden teilweise drei Hochzeiten gleichzeitig statt. Vergangenen Sommer kam es dort unter stark alkoholisierten Gästen zweier Veranstaltungen zu einer Schlägerei. Schlussendlich wurde der Trauzeuge von einem der Hochzeitspaare, die dort feierten, mit einem Krankenwagen abgeholt.
> Sicherlich hatten alle Beteiligten sich diesen Tag völlig anders vorgestellt.

Je nach Jahreszeit sollte auch auf eine ausreichende Klimatisierung oder Heizung geachtet werden und es sollte besprochen werden, wie lange es eventuell dauern würde, die Location weiter aufzuheizen beziehungsweise abzukühlen.

Alte Gebäude bieten den Vorteil, dass es im Sommer im Inneren oft kühler ist und eine angenehme Raumtemperatur herrscht, auch ohne Klimatisierung. Während sie den Nachteil haben, dass es im Winter, den oft hohen Decken geschuldet, länger dauert, bis eine angenehme Raumtemperatur vorherrscht.

Bei der Traulocation sollte, besonders wenn diese in einer Innenstadt liegt, die Parkplatzsituation vorher ausreichend geklärt sein.

Falls keine guten Parkmöglichkeiten vorzufinden sind, ist es eine Überlegung wert, einen kleinen Shuttleservice einzurichten. Eure Hochzeitsgäste können dann auf einem nahegelegenen Parkplatz oder Parkhaus parken und werden zur Traulocation gefahren. Dafür der beste Ansprechpartner sind örtliche Bus- oder Taxiunternehmen.

## 6.2 Die richtigen Fragen stellen

Einen vollständigen Fragenkatalog bekommt ihr in unserem Arbeitsbuch „Schritt für Schritt ins Eheglück – der Weddingplaner" oder auf unserer Internetseite.

Die wichtigsten Fragen, die euch der Location-Manager beantworten können sollte, sind:

1. Gibt es eine Lärm- oder Zeitbeschränkung, bis wann die Party vorbei sein sollte? Beide Fragen sollten mit „Nein" beantwortet werden. Denn es wäre doch schade, wenn die Stimmung noch heiter ist, ihr aber die Musik leiser machen müsst oder aber die Party ganz beendet wird.
2. Eine weitere wichtige Frage an den Location-Manager ist, ob und wie lange man im Freien feiern kann und ob es auch tagsüber eventuelle Lautstärkebeschränkungen gibt. Gründe dafür wären z. B. die Nachbarschaft oder eine Location nahe eines Naturschutzgebietes.
3. Was ist, wenn es regnet und der Außenbereich nicht genutzt werden kann? Gibt es dann Nebenräume, die zusätzlich zum Speisesaal genutzt werden können?
4. Welche Sitzmöglichkeiten gibt es im Speisesaal? Runde Tische finden wir persönlich immer besser, da sie kommunikativer sind.
5. Wie werden die Getränke abgerechnet? Gibt es eine Getränkepauschale? Im folgenden Kapitel gehen wir näher darauf ein.
6. Was muss über die Location gebucht werden? Manche Locations arbeiten nur mit bestimmten Caterern oder Dekorateuren zusammen. Zwar könnt ihr euch dann meist darauf verlassen, dass diese gut sind, ihr seid aber auch in eurer Wahlfreiheit eingeschränkt.
7. Natürlich ist eine der wichtigsten Fragen – wenn nicht sogar die wichtigste Frage – der Preis. Um keine Enttäuschung zu erleben, könnt ihr euch vor der Besichtigung eine Bankettmappe zuschicken lassen, anhand derer ihr eine Idee von den Preisen bekommt.
8. Lasst bei den Preisen nicht außer Acht, welche Dienstleistungen und Elemente inkludiert sind. Nur so könnt ihr verschiedene Locations miteinander vergleichen.

10. In dem Zusammenhang solltet ihr auch nach einem Frühbucherrabatt oder Skonto fragen, falls ihr euch innerhalb eines bestimmten Zeitrahmens entscheidet.

Aber nicht nur ihr habt Fragen an den Location-Manager, sondern sicherlich möchte er auch ein paar Dinge von euch wissen.
Auf folgende Fragen solltet ihr vorbereitet sein. Am besten schreibt ihr sie auch schon direkt bei eurer ersten Anfrage an die Location mit rein:

- Wie viele Gäste werden erwartet?
- Gibt es eine Saison oder einen Zeitraum, an dem geheiratet werden soll? Oder gibt es sogar schon ein festes Datum?
- Soll zwingend an einem Samstag geheiratet werden oder kommt auch ein anderer Tag in Frage?
- Soll eine freie Trauung stattfinden? Oder heiratet ihr „nur" standesamtlich oder kirchlich?
- Gibt es bereits einen groben Tagesablauf?

Habt ihr die passende Location gefunden und den Vertrag unterschrieben, solltet ihr sofort das Standesamt oder die Kirche informieren und um ein Beratungsgespräch bitten.

## 6.3 Getränke

Ähnlich wichtig wie ein gutes Essen, aber meist dennoch wenig beachtet sind die richtigen Getränke. Nicht nur zum Essen, sondern den gesamten Tag über spielen gute Getränke eine wichtige Rolle.
Angefangen von Kaffee und Sekt am Nachmittag, über den richtigen Wein und Säfte zum Abendessen bis hin zu Bier, Shots, Longdrinks und Cocktails am Abend.

In den meisten Fällen bieten Hochzeitslocations, wie auch wir in unserer Location, die Getränke selbst an.
Dabei gibt es bei den Getränken von Location zu Location preisliche und organisatorische Unterschiede.

Einen großen Unterschied macht es aus, ob die Getränke jeweils einzeln abgerechnet werden oder es eine Flatrate pro Gast gibt, in der dann alles inkludiert ist.

Manchmal gibt es auch Mischformen, bei denen ein Teil der Getränke als Flatrate zur Verfügung gestellt wird und andere einzeln abgerechnet werden.
So sind beispielsweise alkoholfreie Getränke und Bier in einer Flatrate enthalten, während Schnäpse und Cocktails getrennt abgerechnet werden. Oder aber auch, dass normaler Kaffe inkludiert ist und sogenannte Kaffeespezialitäten wie Espresso oder Cappuccino einzeln abgerechnet werden.

Von dieser Mischform halten wir überhaupt nichts. Denn glaubt uns, wenn wir euch sagen, dass, sobald der erste Gast einen Cappuccino oder Cocktail hat, plötzlich die gesamte Hochzeitsgesellschaft auch ein solches Getränk möchte. Es liegt einfach in der Natur des Menschen begründet, dass er das, was er bei jemand anderem sieht, auch haben möchte. Deshalb ist eine solche Mischform aus finanzieller Sicht für Hochzeitspaare meist nicht zu empfehlen.

Vor allem aus Transparentsgründen bieten wir selbst nur Getränkeflatrates an und würden euch auch empfehlen, bei eurer Wunschlocation explizit danach zu fragen, falls euch nur das Modell der Einzelabrechnung angeboten wird.
Eine Flatrate bietet den unglaublichen Vorteil, dass ihr schon vorher genau wisst, wie viel ihr am Ende zu zahlen habt.
Klar, man sollte einem guten Locationbetreiber vertrauen können. Laien schätzen aber oft falsch ein, wie viel tatsächlich an einem Abend getrunken wurde. Durch das Modell einer Flatrate kann man ganz einfach umgehen, an dieser Stelle hinters Licht geführt zu werden.
Achtet in jedem Fall auf die Qualität der Getränke. So sollten bei einer Location, die etwas auf sich hält, nur Markenprodukte zum Einsatz kommen.

> Beispiel:
> Wir selbst veranstalten am Anfang jeder Hochzeitssaison eine für unsere Hochzeitspaare kostenlose Weinprobe, bei der sie sich von der Qualität unseres Weins selbst überzeugen können. Daneben eignet sich diese Veranstaltung für unsere Gäste außerdem zum Netzwerken und austauschen mit anderen Hochzeitspaaren. So bekommt das ein oder andere Paar noch mal einen letzten Tipp oder Impuls für die eigene Feier. Vielleicht bietet eure Location ja auch ein solches Event an.

Als Ergänzung zu den Getränken könnt ihr auch eine Pimp-my-Prosecco-Bar einrichten. An dieser können sich eure Gäste ihren Sekt selbst verfeinern. Das schmeckt nicht nur gut, sondern sieht mit ein bisschen Deko auch wunderschön aus.

Dafür nehmt ihr am besten einen alten Tisch oder Servierwagen als Unterlage. Neben Prosecco oder Sekt, mit und ohne Alkohol, braucht ihr dann noch Gläser, Strohhalme und Eiswürfel. Schöne Dekoartikel für die Bar sowie verschiedene kleine Liköre findet ihr auf unserer Internetseite.

Zum Pimpen bieten sich folgende Sachen an:

- Sirup in verschiedenen Geschmacksrichtungen (Holunderblüten-, Pfirsichsirup)
- verschiedene Liköre (Amaretto und Licor 43 ...)
- Fruchtsäfte (Apfelsaft, Orangensaft ...)
- Limonaden (Zitronenlimande, Ginger Ale ...)
- Sprudelwasser
- frische Früchte und Beeren (Erdbeeren, Johannisbeeren, Limetten, Orangen ...)
- Kräuter (Minze, Zitronengras, Basilikum ...)
- Zucker

## 6.4 Zu Hause feiern

Eine Feier im eigenen Garten kann ein ganz besonderes Gefühl sein, funktioniert aber nur bei kleinen Hochzeitsgesellschaften und bedeutet einen sehr hohen Aufwand für euch.

Warum eine Feier im eigenen Garten nicht für größere Gesellschaften ausgelegt ist, liegt einfach an der fehlenden Infrastruktur, die in einem Einfamilienhaus vorliegt. So sind beispielsweise nicht genügend Toiletten vorhanden, meist gibt es nur ein bis maximal zwei Toiletten. Auch sollte man die Arbeit, die man hinterher mit Aufräumen und Saubermachen hat, nicht unterschätzen. Vermutlich muss außerdem viel Equipment, wie Stühle, Tische, Hussen und Tischdecken dazu gemietet werden, was sich finanziell gesehen recht schnell summieren kann. Schlussendlich wird es wesentlich teurer, als man vermuten mag.

Wenn ihr euch dennoch entschließen solltet, im eigenen Garten zu feiern, so solltet ihr auf jeden Fall externes Servicepersonal engagieren, da ihr selbst und eure Gäste ansonsten einfach nicht völlig entspannt den Tag genießen könnt.

Falls ihr nicht das größte Budget habt und deswegen zu Hause feiern wollt, bieten sich oft Kultur- oder Festsäle eurer Gemeinde zum Feiern an. Mit ausreichend Dekoration und Blumenschmuck kann man diese oft in eine schöne Location verwandeln. Trotz des günstigen Preises bieten Gemeindesäle dennoch die nötige Infrastruktur wie Zapftheken, Toilettenanlagen und eine ausreichende Schalldämmung nach außen. Gegen eine vergleichsweise geringe Gebühr wird die Location dann am Folgetag durch professionelles Reiningspersonal gesäubert und ihr selbst könnt entspannen.

# 7. Das Hochzeitsdatum

Habt ihr schon ein bestimmtes Datum, an dem ihr gerne heiraten würdet, weil ihr dann zum Beispiel Jahrestag habt? Wunderbar. Ansonsten würden wir euch empfehlen, euch erst festzulegen, wenn ihr die passende Location gefunden habt und die freien Termine kennt. Seid ihr beim Hochzeitsdatum flexibel, ist die Locationsuche meist weitaus einfacher.

Naturgemäß spielt das Wetter immer eine entscheidende Rolle. Neben der Gefahr von Regen im Sommer solltet ihr insbesondere in kalten Gebieten im Winter mit einberechnen, dass es zu starkem Schneefall kommen kann, der dazu führt, dass sich die Anreise vom Standesamt oder der Kirche zur Location verlängert.
Besonders zur Ferienzeit im Sommer solltet ihr außerdem an Urlauber und den allgemeinen Reiseverkehr denken. Dieser könnte, wenn ihr auf dem Weg zur Hochzeitslocation auf einer Autobahn fahren müsst, zu Stau führen.

Was vor allem in größeren Städten Beachtung finden sollte, sind Messen und andere Großveranstaltungen wie Festivals oder Konzerte. Neben Verkehrsbeeinträchtigungen besteht die Gefahr von teuren oder ausgebuchten Hotels. Heiratet ihr also in solch einer Stadt, solltet ihr früh genug Kontingente in passenden Hotels blocken. Häufig ist dies ohne eine Abnahmegarantie eurerseits möglich. Viele Hotels bieten an, dass erst bis zu zwei Wochen vorher eine feste Anzahl an benötigten Zimmern mitgeteilt werden muss.

Nicht nur in den klassischen Hochzeitsmonaten von Mai bis September kann man schön heiraten. Toll kann auch eine Frühling-, Herbst- oder gar eine Winterhochzeit sein. Darum geht es am Ende dieses Buches im Kapitel 20, „Außergewöhnlich heiraten".
Neben anderen Vorteilen könnt ihr hierbei auf einen Rabatt bei der Location setzen. Das gilt natürlich ebenso für so gut wie alle Dienstleister. Denn in den eben nicht so klassischen Hochzeitsmonaten haben diese oft größere Kapazitäten frei und können euch einen Rabatt geben. Erwähnen Dienstleister keinen Rabatt, scheut euch nicht, sie direkt auf eine Vergünstigung anzusprechen.

Wenn möglich solltet ihr meiden, an Tagen zu heiraten, an denen Sportgroßveranstaltungen wie WM-Spiele stattfinden, wenn ihr wisst, dass ihr viele Sportfans im Kreise der Hochzeitsgesellschaft habt.

Eine Liveübertragung wäre zwar möglich, doch raten wir euch davon tendenziell ab. Eine solche Übertragung kann dazu führen, dass eure Hochzeitsgesellschaft sich in Fans und Nicht-Fans auseinanderdividiert und keine Partystimmung aufkommt.

> Anekdote:
> Während der Fußball-WM im Jahr 2018 waren wir im Sommer dennoch ausgebucht. Nur bei einer Hochzeit wurde ein Fußballspiel der deutschen Mannschaft übertragen. Das Interesse war dabei nicht so groß wie zuvor erwartet. Und dennoch war es schade, dass einige der Gäste für die Zeit des Spiels nicht aktiv am Geschehen teilnahmen.

# 8. Dienstleister

Bei allen Dienstleistern, die nur einen Termin an einem Tag annehmen können, gilt das Motto „Wer zuerst kommt, mahlt zuerst".
Gute und bekannte Hochzeitsdienstleister sind besonders von Mai bis September an den Samstagen bis zu neun Monate im vorher ausgebucht. Vor allem wenn ihr Wert darauf legt, einen bestimmten Dienstleister unbedingt zu beauftragen, solltet ihr euch euren Hochzeitstermin bei diesem Dienstleister möglichst früh reservieren lassen.

## 8.1 Weddingplaner

Die Entscheidung für oder gegen einen Weddingplaner sollte ganz am Anfang der Planung stehen. Denn ein Weddingplaner wird es nicht unbedingt einfacher haben, wenn schon einzelne Punkte wie der Florist oder der Stylist feststehen. Und schließlich zahlt ihr meist das Gesamtpaket. Also solltet ihr das auch in Anspruch nehmen.

Entscheidet ihr euch für einen Weddingplaner, sollte euch allerdings bewusst sein, dass ihr beim ausführenden Teil eine Hilfe an der Hand habt, letztendlich ihr aber die Entscheidungen trefft.
Ein Weddingplaner erleichtert die Vorbereitungsarbeit nur und nimmt sie euch nicht komplett ab. Sachen wie die Gestaltung des Tischplans müssen immer vom Hochzeitspaar selbst erstellt werden.

Habt ihr euch für die Unterstützung durch einen professionellen Weddingplaner entschieden, solltet ihr euch als Nächstes Gedanken dazu machen, an welcher Stelle ihr die Unterstützung benötigt.
Einige Weddingplaner bieten nur All-inclusive-Pakete an, bei denen sie euch von der ersten Sekunde an betreuen. Andere bieten neben einem Komplettpaket auch Teilpakete an. Das kann dann beispielsweise bedeuten, dass sie euch, ähnlich wie ein Zeremonienmeister (dazu in Kapitel 10.3, „Zeremonienmeister" mehr), nur am Hochzeitstag unter die Arme greifen.

Selbstverständlich sind Weddingplaner eher darauf aus, euch über die gesamte Zeitspanne zu betreuen, da sie so mehr Geld verdienen, was auch nicht verwerflich ist.

Auf der Suche nach dem richtigen Weddingplaner gilt es auf die persönliche Sympathie zu achten. Denn ihr lasst den Weddingplaner sehr nah an euch heran und er sollte sich in euch einfühlen können, um perfekt mit euch zusammen im Team zu arbeiten.

Neben der Sympathie solltet ihr auf Referenzen in Form von bereits durchgeführten Hochzeiten achten. Empfehlenswert ist, dass der Weddingplaner mindestens schon zehn Feiern betreut hat.
Klar fängt jeder einmal klein an, doch seine eigene Hochzeit geplant zu haben, ist keine Referenz. Den eigenen Stil zu treffen ist etwas anderes, als sich auf den Stil anderer einzulassen und durch deren Augen zu sehen. Und wenn ihr für eine Beratung schon Geld bezahlt, sollte diese professionell sein.
Weil auf dem Markt einiges an Geld zu holen ist, gibt es natürlich auch schwarze Schafe. Die Berufsbezeichnung des Weddingplaners ist nicht geschützt und im Prinzip kann sich jeder so nennen. Ein Indikator dafür, dass jemand wirklich professionell agiert, ist ein eingetragenes Gewerbe. Nur so seid ihr rechtlich abgesichert, falls bei der Hochzeit etwas schiefgeht.
Lasst euch im Zweifel die Gewerbeanmeldung des Weddingplaners zeigen.

> Beispiel:
> Ein erfahrener Weddingplaner zeigt auch in Stresssituationen Haltung. Wir haben schon eine selbsternannte Weddingplanerin gesehen, die total ausgeflippt ist, als bei der Anlieferung der Torte etwas schiefging. Sie rannte augenblicklich zum Brautpaar und verbreitete Unruhe und Hektik. Als sie nach 15 Minuten der Aufregung wiederkam, hatte der Konditor die Torte schon längst wieder so repariert, dass es niemandem aufgefallen wäre.

## 8.1.1 Vorteile mit einem Weddingplaner

Der größte Vorteil ist, dass euer Weddingplaner – vorausgesetzt, er ist erfahren – alles fest im Griff hat und nichts vergessen wird. Habt ihr dieses Buch studiert, wird euch dies allerdings auch nicht passieren.

Ein weiterer Vorteil eines erfahrenen Planers ist, dass er euer Budget realistisch einschätzen kann. Da Brautpaare in den seltensten Fällen mehrmals eine Hochzeit feiern, ist es für sie schwer einzuschätzen, was in welcher Qualität wie viel kostet. Ein Weddingplaner dagegen kennt die marktüblichen Preise in eurer Region und kann euch von vornherein sagen, wie viel ihr am Ende ausgeben werdet. Er gibt also Sicherheit, dass alles innerhalb des gesetzten Budgets bleibt.

Ein routinierter Weddingplaner kommt oft schneller an Termine bei verschiedenen Dienstleistern, da er in der Regel gut vernetzt ist.

## 8.1.2 Aufgaben eines Weddingplaners am Hochzeitstag

Am Hochzeitstag selbst schaut der Weddingplaner morgens noch einmal nach, ob alles am richtigen Platz ist, und koordiniert die Anlieferungen der Dienstleister.
Er schaut darauf, dass die Dinge, die ausgemacht wurden, auch genauso umgesetzt werden.
Falls etwas schiefgeht oder nicht so wie geplant abläuft, schafft es ein guter Weddingplaner, es so hinzubiegen, dass Fehler nicht auffallen bzw. für eine ansprechende Alternative gesorgt wird.
Und nicht zuletzt sorgt er dafür, dass der Zeitplan eingehalten wird.

## 8.2 Hochzeitsdinner

Das Hochzeitsdinner ist definitiv einer der wichtigsten und auch größten Punkte bei fast jeder Hochzeit. Für die meisten Paare hat ein gutes Essen einen hohen Stellenwert.

Viele Locations haben keine eigene Küche. Das ist für euch eher ein Vorteil als ein Nachteil. Denn so könnt ihr euch optional das für euch passende Essen aussuchen und seid nicht an eine bestimmte Küche gebunden.

Die erste Frage, bevor ihr auf die Suche nach einem geeigneten Caterer geht, sollte sein, ob ihr das Essen in Menü- oder Buffetform anbieten möchtet.

Denn nicht jeder Caterer, der gute Buffets anbietet, ist auch darin gut, ein hochwertiges Menü zu servieren. Habt ihr euch für eine Form entschieden, kann euch der Manager eurer Location sicherlich verschiedene Caterer empfehlen. Gefragte Locations kennen in der Regel alle Caterer der Region und deren Spezialitäten und Macken.

Falls ihr den Caterer, für den ihr euch entscheiden wollt, noch nicht kennt, kann er euch sicher Fotos von vergangenen Veranstaltungen zeigen. Außerdem solltet ihr unbedingt ein Probeessen vereinbaren, bei dem er euch verschiedene Gerichte präsentiert.

### 8.2.1 Menü

Ein Menü ist sehr elegant – keine Frage. Nur wirkt es auch schnell steif, wenn jeder Gast für mehrere Stunden an seinen Platz gebunden ist.
Mehrgang-Menüs, die eingedeckt werden, beanspruchen außerdem wesentlich mehr Zeit. Denn es wird immer gewartet, bis wirklich alle aufgegessen haben, bevor der nächste Gang eingedeckt wird.

Wichtig ist auch zu beachten, dass ihr bei einem Menü nicht viel zeitlichen Puffer habt. In der Küche wird alles darauf ausgelegt sein, zu einem bestimmten Zeitpunkt servieren zu können.
Außerdem sind Menüs deutlich kostenintensiver. Wenn ihr euren Gästen dennoch lieber ein Menü anbieten möchtet, solltet ihr auf keinen Fall beim Caterer sparen. Denn unserer Erfahrung nach schaffen es nur Top-Caterer, ein Menü auf den Punkt zu servieren. Und diese Leistung hat eben ihren Preis.
Insbesondere bei Hochzeitsgesellschaften über 40 Personen. Denn ein Menü für eine Gesellschaft über 40 Personen ist die Königsdisziplin. Abgesehen davon, dass viele Caterer erst gar nicht die nötige Anzahl an Personal haben, ist es sehr schwer, so viele Essen gleichzeitig zu servieren.

Entscheidet ihr euch für ein Menü, ist es besonders wichtig, über Allergien, Unverträglichkeiten, religiöse Essensvorschriften und Geschmäcke eurer Gäste Bescheid zu wissen. Denn so verschieden wie die Menschen sind, so verschieden sind auch ihre Essgewohnheiten. Am besten fragt ihr schon zusammen mit den Einladungskarten bei euren Gästen nach, ob sie bestimmte Nahrungsmittel nicht essen können oder wollen. So seid ihr auf der sicheren Seite und könnt für diese Gäste Alternativen planen. Dann ist es natürlich wichtig, dass ihr auch dem Caterer einen exakten Sitzplan zur Verfügung stellt, damit die Essen richtig eingedeckt werden.

Falls ihr ein Menü bestellt, solltet ihr bei eurem Caterer nachfragen, wie viel Zeit ihr für das Essen einplanen solltet. Er wird euch mit seiner Erfahrung am besten weiterhelfen können.

## 8.2.2 Buffet

Die Vorteile eines Buffets liegen klar auf der Hand. Alles wirkt insgesamt lockerer, da sich eure Gäste frei im Raum bewegen können. Außerdem kann sich jeder Gast genau das aussuchen, was er gerne essen möchte, ohne in seiner Auswahl eingeschränkt zu sein. Und auch die Menge kann jeder Gast individuell anpassen. Es ist ganz normal, dass eure 89-jährige Uroma völlig andere Essgewohnheiten hat als euer 19-jähriger Bruder, der Leistungssport betreibt. Beim Buffet steht also die Individualität im Vordergrund.
Damit ihr einen Großteil aller Unverträglichkeiten und anderer Esseneinschränkungen abgedeckt habt, könnt ihr es euch einfach machen, indem ihr mindestens ein oder zwei vegane Hauptgerichte ohne Nüsse anbietet. Damit sind 90 Prozent der Unverträglichkeiten und religiösen Vorschriften abgedeckt.
Euer Caterer wird euch diesbezüglich sicherlich ausführlich beraten können.

## 8.2.3 Mischform

Wollt ihr auf das Förmliche eines Menüs nicht verzichten, aber auch genügend individuellen Spielraum anbieten? Dann ist vielleicht eine Mischform für euch genau richtig.
Dabei hat es sich bewährt, die Vorspeise eindecken zu lassen und den Hauptgang sowie den Nachtisch in Buffetform anzubieten. So bekommt das Essen einen eleganten Touch, ohne dass es unnötig in die Länge gezogen wird.
Die Vorspeise deshalb, weil so alle gemeinsam mit dem Essen beginnen können und eine kalte Vorspeise oder eine Suppe schon einige Zeit vor dem Servieren vorbereitet werden kann, ohne an Qualität einzubüßen. So seid ihr zeitlich noch recht flexibel.
Vorspeisen können auch oft schön drapiert werden und machen auf dem Teller etwas her, sodass euer Essen mit einem Wow-Effekt startet.

Ergänzend zum klassischen Buffet können auch noch individuelle Kochstationen eingerichtet werden. Vielleicht kennt ihr das vom Buffet in größeren Hotels.
An den verschiedenen Stationen können sich eure Gäste ein individuelles Gericht kochen lassen. Es würde sich beispielsweise eine Pasta-, eine Sushi- oder eine Grillstation anbieten. Je nachdem, was zu eurem sonstigen Essen passt.
Aber auch für den Nachtisch sind solche Stationen denkbar. Beispielsweise als Crêpes- oder Waffelstation.

## 8.3 Die passende Torte finden

Bei der Gestaltung der Torte sind euch so gut wie keine kreativen Grenzen gesetzt. Von klassischen Hochzeitstorten bis zu ausgefallenen Motivtorten ist inzwischen alles möglich.

Jedoch solltet ihr bei der Torte wie bei eurem Partner vorgehen und zumindest nicht nur auf das Äußere achten! Auch bei einer Torte zählen die inneren Werte ganz besonders. Ein guter Konditor wird mit euch zusammen eine schöne Torte zusammenstellen und euch verschiedene Geschmacksrichtungen probieren lassen.

Als Tipp können wir euch mitgeben, die Torte in nicht nur einer Geschmacksrichtung anzubieten, sondern verschiedene Geschmäcke in der Torte unterzubringen, sodass für jeden etwas dabei ist.
Auf besonders ausgefallene Geschmacksrichtungen solltet ihr hier allerdings verzichten oder nur einen kleinen Teil der Torte in dieser Geschmacksrichtung fertigen lassen. Schließlich soll die Torte nicht nur euch, sondern auch ganz verschiedenen Leuten schmecken, die vermutlich alle eine andere Vorstellung vom perfekten Geschmack haben.
Im Hochsommer ist es besser, auf eine Torte ohne oder mit nur wenig Creme zu setzen. Denn so ist die Torte flexibler gestaltbar und kann schon früher aufgebaut werden, ohne dass sie durch die Hitze zerläuft.
Eine weitere Möglichkeit besteht darin, mehrere kleine Torten und Kuchen anzubieten, die auf einem sogenannten Sweet-Table angerichtet werden. Der Sweet-Table kann dann auch durch Cupcakes, Cake-Pops und Muffins angereichert werden.

## 8.4 Fotografen

Neben Fotografen, von deren Stil man sich schon selbst ein Bild machen konnte, ist das Internet der beste Ort, um sich nach einem passenden Fotografen umzusehen.
Persönliche Empfehlungen für einen Fotografen sind mit Vorsicht zu genießen, da Bilder, die einer Freundin von euch gefallen, nicht unbedingt auch eurem Stil entsprechen.

Die Suche nach einem Fotografen müsst ihr nicht nur lokal begrenzen, sondern ihr könnt auch nach Fotografen suchen, die ein wenig weiter weg wohnen. Denn es gibt einige Fotografen, die gerne reisen.
Seid ihr auf der Internetseite eines Fotografen, sollte die erste Frage immer sein, ob euch die Fotos gefallen. Könnt ihr das nicht spontan mit „Ja" antworten, sucht direkt weiter.

Wenn eure Antwort „Ja" lautet, lohnt sich eine weitere Recherche:
Dazu gehört auf jeden Fall, wie viele Fotos online sind und ob die Fotos unterschiedlich genug sind. Denn jemand, der schöne Porträtfotos anfertigen kann, ist beispielsweise nicht automatisch auch jemand, der scharfe Fotos erstellen kann, bei denen das Motiv in Bewegung ist, und umgekehrt. Auf einer Hochzeit muss der Fotograf immer ein Allrounder sein. Er sollte idealerweise also verschiedenste Fotos präsentieren.
Dazu zählen Porträtaufnahmen, Paarfotos, Gruppenfotos, Reportagefotos, Architekturfotos, Fotos aus der Kirche, Landschaftsbilder, Essensaufnahmen und Partybilder.
Wenn nur wenige Fotos online einsehbar sind, muss das jedoch nicht per se etwas Schlechtes bedeuten. Versucht dann einfach herauszufinden, wie lange er schon aktiv ist. Ist es ein erfahrener Fotograf, zeigt er sicher auf Anfrage gerne mehr seiner Fotos.
Kann er euch keine weiteren Referenzen vorweisen, besteht die Gefahr, dass die wenigen schönen Fotos Zufallstreffer waren.

## 8.4.1 Der Stil des Fotografen

Viele erfahrene Fotografen haben ähnlich eines Malers einen eigenen Stil. Dieser Stil sollte zu euch passen. Mögliche Stile wären Fotos, die knallig und bunt, pastellig, hell, vintagemäßig oder dunkel und ernst sind.
Wichtig ist, dass die Fotos nicht nur schön aussehen, sondern gleichermaßen eine Aussagekraft besitzen und eine eigene Geschichte erzählen. Transportieren sie ein Gefühl, wenn man sie anschaut?
Wie nah ist der Fotograf außerdem am Geschehen? Fotografiert er eher aus der Ferne, aus einer beobachtenden Position oder ist er mittendrin im Geschehen und redet vielleicht sogar mit den Gästen?
Es gibt Fotografen, die aktiv eingreifen und Vorgaben machen, wie sich die Gäste positionieren und verhalten sollen. Dabei können klare Fotos entstehen. Das Eingreifen kann aber auch als störend empfunden werden.
All diese Fragen sind völlig von eurem Geschmack abhängig und können bei einem Vorgespräch erfragt werden.

Vergesst aber nicht, dass der Fotograf am Ende des Tages „nur" ein Dienstleister ist, der in eurem Auftrag arbeitet. Er sollte euren Wünschen entsprechen, da auch ihr es seid, die ihn bezahlt.
Bevor ihr euch mit einem Fotografen trefft, solltet ihr auf jeden Fall mehrere Angebote einholen. Dabei schickt ihr schon Informationen wie das Hochzeitsdatum und Angaben über die Location. Außerdem könntet ihr auch ein Foto von euch beiden mitschicken.

## 8.4.2 Preise

Fotografen haben unterschiedliche Preismodelle. Manche stellen einen Pauschalbetrag je Stunde in Rechnung, andere werden pro Foto bezahlt. Teils liegt hier der Preis pro Bild bei 20 bis 30 Euro. Andere bieten eine Mischform an.
Wir halten die erste Variante eindeutig für die Beste. So wisst ihr vorher schon, wie viel ihr bezahlen müsst, und kommt nicht in den Konflikt, entscheiden zu müssen, ob ihr dieses oder jenes Foto nun wirklich benötigt.

Ein seriöser Fotograf berechnet, je nach Erfahrung und Auslastung, für eine Hochzeitsreportage mit acht Stunden Zeitaufwand ca. 1 200 bis 2 500 Euro. Dabei entstehen dann etwa 400 bis 600 einfach bearbeitete Fotos.
Viele Fotografen retuschieren und bearbeiten dann noch einmal etwa 50 bis 100 Highlight-Fotos aufwendiger, was völlig ausreichend ist.

Das klingt jetzt erst einmal nach einem hohen Stundenlohn von bis zu über 300 €. Beachtet aber, dass der Fotograf teures Equipment, eine gewisse Vorarbeit und natürlich auch viel Zeit mit der anschließenden Bearbeitung der Fotos verbringt.
Und schließlich sind Fotos das, was am Ende bleibt, und ihr werdet euch die Fotos sicher sogar im Alter noch anschauen.
Von Dumpingangeboten weit unter 1 000 Euro solltet ihr die Finger lassen. Hier bleibt meistens das Equipment oder die Retusche auf der Strecke.

Wenn ihr im Bekanntenkreis einen ambitionierten Hobbyfotografen habt, ist dieser ebenso meist nicht die richtige Wahl. Ein professioneller Hochzeitsfotograf kennt die Gegebenheiten, die bei einer Hochzeit festzuhalten sind, und stellt sich schnell auf neue Situationen ein. Ein Hobbyfotograf dagegen kann meist nur nach Schema F fotografieren.
Traut ihr es dennoch einem Hobbyfotografen zu, eure Hochzeit zu begleiten, könntet ihr ein Probeshooting mit ihm vereinbaren. Das muss kein ausgedehntes Shooting sein. Eine halbe Stunde oder Stunde, in der er Fotos von euch in verschiedenen Gegebenheiten und Posen schießt, reicht völlig aus.
Achtet bei der Gelegenheit darauf, wie schnell der Fotograf sich auf neue Situationen einstellen kann. Sind die Fotos Hingucker, steht nichts mehr im Wege, diesen „Amateur" zu engagieren.
Außerdem könnt ihr die entstandenen Fotos für die Einladungen verwenden.

### 8.4.3 Einen guten Fotografen erkennen

Einen guten Hochzeitsfotograf erkennt ihr – wie vorhin beschrieben – daran, dass er schöne Fotos in den verschiedensten Situationen anfertigt.
Besonders solltet ihr auf die Qualität der Fotos bei schlechteren Lichtverhältnissen achten. Ein Profi schafft es, bei nicht idealen Lichtverhältnissen wie in einer Kirche oder bei Regen mühelos Fotos von einer hohen Qualität zu schießen. Und das, ohne zusätzliche Lichtquellen wie einen Blitz zu nutzen. Denn besonders in der Kirche wirkt ein Blitzlicht deplatziert und ist auch oftmals nicht erlaubt.

Beim Abendprogramm beziehungsweise der Abendunterhaltung ist es dagegen kein Problem, wenn der Fotograf auch mal einen Aufsteckblitz oder sogar einen externen Blitz nutzt, um noch mehr aus den Fotos rauszuholen.

### 8.4.4 Vorgespräch

Ein Experte zeichnet sich auch dadurch aus, dass er selbst auf einem Vorgespräch oder sogar einem Probeshooting mit euch besteht. Hat der Fotograf eine weite Anreise, kann das Kennenlernen bequem online über Skype oder am Telefon stattfinden.

Punkte, die im Vorgespräch abgeklopft werden sollten:

- Wann ist das Hochzeitsdatum?
- Wie heißt die Location? Könnt ihr euch nicht vor Ort mit dem Fotografen treffen und die Location ist dem Fotografen unbekannt, zeigt ihm Fotos. So kann er sich einen ersten Überblick verschaffen.
- Wie lange soll der Fotograf anwesend sein?
- Wie hoch ist der Endpreis? Gibt es eventuell anfallende Zusatzkosten?
- Wie viele Fotos sind im Preis mindestens inkludiert?
- Sind die Bilder alle schon bearbeitet und retuschiert?
- Wie lange dauert es, bis ihr die fertigen Fotos bekommt?
- Hat der Fotograf eine Backup-Kamera, falls mit seiner Hauptkamera etwas schiefläuft?
- Welchen Zeitpunkt hält der Fotograf für richtig, um die Paarfotos zu schießen?

Was ihr außerdem mitteilen solltet:

- Auf was soll der Fotograf bei euch achten? Habt ihr eine Seite, von der ihr bevorzugt fotografiert werdet?
- Gibt es spezielle Familienverhältnisse? Zum Beispiel geschiedene Eltern, die ungern zusammen fotografiert werden.
- Um dem Fotograf eine Idee davon zu geben, wie ihr euch die Hochzeitsfotos vorstellt, könnt ihr Fotos zeigen, auf denen ihr euch besonders gut gefallt.

Seid ihr selbst passionierte Hobbyfotografen, ist für euch die Herausgabe der RAW-Dateien zweifelsohne interessant. Die meisten Fotografen geben allerdings nicht so ohne Weiteres RAW-Dateien aus der Hand. Schließlich gehört es entschieden zum Job des Fotografen, die geeignetsten Fotos auszuwählen und zu bearbeiten. Mit den richtigen Argumenten sollte aber auch das klappen. Schildert einfach, warum es euch wichtig ist, auch die gänzlich unbearbeiteten Aufnahmen zu bekommen.

## 8.4.5 Fotobücher

Für die eigene Erinnerungssammlung empfehlen wir unbedingt den Druck eines Fotobuchs mit den schönsten Bildern eurer Hochzeit. Aber auch als Geschenk für die eigenen Eltern und besonders für ältere Personen, wie Großeltern, die nicht so fit im digitalen Bereich sind, ist ein Fotobuch ein wunderbares Geschenk.
Bei den Fotobüchern, die verschenkt werden, reichen kleinere Varianten mit nicht ganz so vielen Seiten.

Fotobücher könnt ihr natürlich über den Fotografen bestellen. Dann ist sichergestellt, dass ihr ein hochwertiges Produkt erhaltet. Auch habt ihr selbst keine Arbeit damit, die besten Fotos auszuwählen und das Fotobuch zu gestalten.

Natürlich könnt ihr ein Fotobuch ebenfalls im Internet zusammenstellen. Wobei wir von extrem günstigen Anbietern abraten. Auch wenn die Qualität der Fotos anfangs erstklassig erscheinen mag, verlieren diese Billigangebote nach ein paar Jahren deutlich an Qualität.
Ein Anbieter bei dem sowohl die Wertigkeit als auch der Preis stimmt, findet ihr auf unserer Internetseite.

Die Fotobuchseiten solltet ihr – sowohl wenn ihr über den Fotografen bestellt, aber auch wenn ihr es selbst drucken lasst – matt fertigen lassen. Das Ergebnis wirkt hochwertiger und ist zudem günstiger als die glänzende Variante.

## 8.4.6 Kostenfallen

Gerade bei Fotografen gibt es einige Kostenfallen, auf die ein besonderes Augenmerk gelegt werden sollte:

1. Die Fotos werden nur als Druck und nicht in digitaler Form rausgegeben. Hier wird es hinterher oft teurer, da ihr für die digitalen Fotos extra zahlen müsst, was keinesfalls mehr zeitgemäß ist.
2. Die Fotos sind nur in verminderter Qualität im Internet zu betrachten. Für die retuschierten Bilder müsstet ihr dann noch mal extra zahlen.
3. Der Fotograf limitiert die Stückzahl ausgesprochen stark auf z. B. 100 Stück. Dann müsstet ihr für alle weiteren Aufnahmen draufzahlen.
4. Die Porträt- und Brautpaarbilder sind in ihrer Anzahl limitiert.
5. Die Bildbearbeitung ist nicht inkludiert und ihr müsst dafür zusätzlich zahlen oder die Bilder selbst bearbeiten.
6. Nutzungsrechte: Ihr habt nur eingeschränkte Nutzungsrechte, und es ist euch nicht erlaubt, die Bilder auf Plattformen wie Instagram zu posten. Oder aber der Fotograf räumt sich selbst ein, mit den entstandenen Fotos uneingeschränkt werben zu dürfen. Das ist einfach Geschmacksfrage, ob ihr damit einverstanden seid.
7. Es gibt zu harte Stornobedingungen, bei denen ihr selbst bei einer Absage Monate im Voraus den vollen Preis zahlen müsstet.

Abschließend lässt sich noch sagen, dass ein Leistungsvergleich von verschiedenen Fotografen, die ihr zur Auswahl habt, schwierig ist. Am Ende sollten das Bauchgefühl, aber auch das von euch zuvor gesetzte Budget entscheidend sein.

## 8.4.7 Instagram-Hashtag

Ein Tipp, der nichts mit dem Fotografen, aber dennoch mit Fotos zu tun hat, ist ein eigener Instagram-Hashtag. Seid ihr und einige eurer Gäste aktive Instagram-Nutzer, könnt ihr einen Instagram-Hashtag kreieren. Heißt ihr Laura und Lars und heiratet 2020, könnte euer Hashtag zum Beispiel LauraLars2020 lauten. Natürlich könnt ihr hier eurer Kreativität freien Lauf lassen und euch etwas Eigenes ausdenken.

Den Hashtag könnt ihr dann gut sichtbar am Eingang der Location platzieren oder auf den Tagesablauf schreiben. Nun kann jeder Gast die Fotos mit dem Hashtag versehen und hochladen. Am nächsten Tag braucht ihr dann auf Instagram nur nach diesem Hahstag suchen und seht alle Fotos.

### 8.4.8 Photobooth

Wünscht ihr zwar von verschiedenen Gruppen Fotos, wollt eure Gäste aber nicht zu lange aufhalten, eignet sich eine Photobooth – oder auf Deutsch auch ganz simpel Fotobox – als sehr gute Alternative. Das ist eine fest installierte Kamera, vor der sich eure Gäste selbst fotografieren können.
Einige Fotografen haben eigene Fotoboxen im Angebot. Ansonsten gibt es im Internet zahlreiche, vor allem regionale Anbieter, bei denen ihr eine Fotobox mieten könnt.

Dabei reicht das Angebot von einfachen Aufbauten mit einer Webcam-Kamera im Inneren bis hin zu großen Boxen mit einer Spiegelreflexkamera, einem externen Blitz und einem Fotodrucker. Mit solch einer Box erreicht ihr beinahe Fotostudio-Qualität. Außerdem bieten verschiedene Anbieter noch Equipment zur Fotobox an. Das sind Hintergründe in verschiedenen Farben oder ein Greenscreen, Perücken, lustige Kleidung und Booth Props. Das sind Bärte, Brillen und Hüte, die an kleinen Holzstielen kleben.
Als Hintergrund könnt ihr auch durch euren Floristen eine Blumenwand anfertigen lassen. Mit ein wenig Geschick könntet ihr solch einen Hintergrund auch aus Kunstblumen selbst gestalten. Auf den Fotos werden Kunstblumen hinterher nicht als solche erkennbar sein.

Wir raten euch dazu, nicht das allerbilligste Angebot zu bestellen. Die Billigangebote mit einer eingebauten Webcam schießen oft nur bei idealen Lichtbedingungen brauchbare Fotos. So sind Probleme vorprogrammiert.

Ein Drucker, mit dessen Hilfe sich eure Gäste die Fotos sofort ausdrucken können, ist zu empfehlen. Denn auch wenn man sich vornimmt, die Fotos sofort am nächsten Tag online zu stellen, hat man meist was anderes zu tun. Direkt nach der Hochzeit haben die wenigsten Brautpaare Lust, sich darum zu kümmern, dass jeder Gast auch wirklich seine geschossenen Fotos bekommt.

Habt ihr dagegen einen Drucker angeschlossen, hat sich dieses Problem erledigt. Ihr braucht auch keine Angst zu haben, dass ihr die Bilder nicht zu Gesicht bekommt. Die meisten Fotoboxen speichern die Bilder zusätzlich und ihr könnt sie euch hinterher auf einem USB-Stick runterladen.

Preislich fangen die einfachsten Systeme völlig ohne Equipment bei 200 Euro an. Bessere Systeme mit externem Blitz und Drucker gibt es ab etwa 350 Euro Tagesmiete.
Zusätzlich kann auch noch ein Mitarbeiter hinzugebucht werden, der die Fotobox betreut und darauf achtet, dass alles einwandfrei funktioniert. Die Kosten für diesen Service fangen bei 20 Euro pro Stunde an. Inzwischen sind aber die meisten Fotoboxen technisch so weit entwickelt, dass ein extra Mitarbeiter nicht nötig ist.

## 8.5 Musik

Punkte, die bei jeder Art von musikalischer Unterhaltung mit Musikern und in Bezug auf die Location geklärt werden sollten, sind:

1. Für wie viele Musiker ist Platz? Wo ist dieser Platz?
2. Welche Stilrichtung kann gespielt werden? Soll es am Nachmittag etwas anderes sein als abends?
3. Bringen die Musiker ihre eigene Technik mit? Gibt es vor Ort die passenden Anschlüsse?
4. Werden Spielpausen eingelegt? Wie lange? Wie viele?
5. Wie wird abgerechnet? Pauschal oder pro Stunde?
6. Wie lange wird gespielt? Open end oder gibt es einen festen Zeitpunkt?
7. Welche Getränke und welches Essen sind den Musikern zur Verfügung zu stellen?
8. Wann haben sie Zeit zum Essen?

### 8.5.1 Musik am Tag

Musik transportiert Emotionen und verbindet Menschen. Sie kann maßgeblich zu einer guten Stimmung beitragen. Den gesamten Tag über sollte, zumindest leise im Hintergrund, Musik gespielt werden.

Achtet am Tag aber darauf, dass die Musik nicht zu laut ist. Nachmittags möchten sich eure Gäste unterhalten. Dabei ist zu laute Musik störend.

Eine besonders schöne Stimmung erzeugt natürlich Livemusik. Spielt eine Band, kommen über die Musik auch Gäste, die sich noch nicht kennen, schnell ins Gespräch. Die Livemusiker bieten ein Thema, das als Eisbrecher funktionieren kann. Dabei haben wir neben Bands wundervolle Erfahrungen mit Solosängern, Pianisten und Chören gemacht. Aber auch traditionelle Musik aus dem eigenen Kulturkreis ist immer eine willkommene Abwechslung vom Standard. So hatten wir selbst schon einen südamerikanischen Panflötenspieler und einen afrikanischen Trommler in unserer Villa, die jeweils die gesamte Hochzeitsgesellschaft begeistert haben.
Je nach Größe der Gruppe ist mit 100 bis 300 Euro an Kosten je Stunde zu rechnen. Hinzu kommen oftmals noch Anfahrtskosten.

Um Kosten zu sparen, oder wenn Livemusik am Nachmittag nicht in euer Konzept passt, könntet ihr ebenso eine eigene Playlist für den Nachmittag anlegen. Dann bietet sich leichte Jazzmusik, die unaufdringlich im Hintergrund läuft, gut an.
Alternativ kommen auch viele DJs schon früher und spielen ab dem Nachmittag Musik.

Und nicht nur am Nachmittag, sondern auch zum abendlichen Dinner sollte – wenn auch natürlich so leise, dass sich die Gäste beim Essen unterhalten können – Musik gespielt werden. Als Livemusik bietet sich hier ein Geigenspieler oder Pianist hervorragend an.

### 8.5.1.1 Hochzeitssänger

Ob in der Kirche, während der freien Trauung oder auch später am Nachmittag – ein Solosänger ist ebenfalls eine stimmungsvolle Begleitung. Besonders eignet er sich, um sehr emotionale Momente zu unterstreichen. Manche Bands bieten die Möglichkeit, dass der Sänger oder die Sängerin der Band bereits bei der Trauung dabei ist und eventuell von einer Gitarre oder einem Keyboarder begleitet wird. Der Rest der Band kommt dann am Nachmittag oder abends nach dem Essen.
So könnt ihr etwas Geld sparen, wenn ihr keine Abstriche bei der musikalischen Begleitung am Tag und am Abend machen möchtet.

## 8.5.1.2 Chöre, Blaskapellen und traditionelle Musiker

Bei größeren Musikgruppen solltet ihr immer auf regionale Gruppen zurückgreifen, da sonst die Anfahrtskosten sehr teuer werden.
Solltet ihr keine Idee haben, wie ihr an eine solche Musikgruppe kommt, fragt euren Locationmanager oder ruft bei der Gemeindeverwaltung an. Oftmals sind die örtlichen Mitarbeiter gut in Vereinen vernetzt und können euch einen Tipp geben.
Das Gleiche gilt für einen örtlichen Chor, den ihr bei der Trauung oder beim Abendessen dabeihaben möchtet.

> Beispiel:
> Im Jahr 2019 erlebten wir bei einer Hochzeit ein Tambourkorps. Das Brautpaar hatte sich in der Jugend beim Musizieren in einem Spielmannszug kennengelernt. Der Bräutigam schenkte seiner Frau den Auftritt. Die Stimmung kam so am Nachmittag schon zu einem ersten Höhepunkt.

## 8.5.2 Musik am Abend

Für die Party am Abend kommen im Wesentlichen nur ein DJ oder eine Pop/Rock-Band in Frage. In beiden Fällen habt ihr die Künstler im Idealfall schon einmal live erlebt. Erfahrene Musiker spielen regelmäßig auf öffentlichen Veranstaltungen oder in Clubs.
Vor allem Bars und Clubs buchen einen DJ oder eine Band immer nur dann wieder, wenn sie wirklich gut sind und den Gästen einheizen. Dazu zählt nicht nur musikalisches Talent, sondern auch Begeisterungsfähigkeit. Treten die Musiker also öfter in den gleichen Locations auf, ist das ein gutes Zeichen.

## 8.5.2.1 DJs

Die Vorteile eines DJs liegen auf der Hand. Ein guter DJ kann sich jederzeit perfekt an die Hochzeitsgesellschaft anpassen und nahezu jede Musikrichtung spielen, die ihr euch wünscht. Er hat Zugriff auf Millionen Titel und ist so wesentlich flexibler als eine Band.

Die Kosten eines DJs dürften für den ganzen Tag inklusive Technik zwischen 400 und 800 Euro betragen. Bei Gagen darüber sollte der DJ einen sehr guten Namen und auch einen gewissen Bekanntheitsgrad haben.

> Beispiel:
> Wir betreiben neben unserer Hochzeitslocation noch zwei Bars. In einer davon legt öfter ein aus dem Radio bekannter DJ auf. Er verlangt 1150 € für einen Auftritt. Jedoch muss man natürlich dazu sagen, dass es für ihn durch uns einige Folgeaufträge gibt und wir dadurch einen etwas besseren Preis aushandeln können, als es für euch bei einer einmaligen Veranstaltung möglich ist.

Fragt euren DJ, ob er einen Notfallplan hat, falls sein PC oder Equipment streikt. Hintergrund ist Folgender: Bei zwei Hochzeiten, die wir bisher miterlebten, wurde dem DJ ein Getränk über den PC geschüttet. Einer der DJs packte unzufrieden seine Sachen zusammen, mit der Begründung, er könne so nicht mehr arbeiten.
Der andere schloss zur Überbrückung sofort sein Handy an und holte einen älteren Laptop aus dem Auto, der als Notfall-PC diente.
Nach 10 Minuten konnte es ohne großen Stress ganz normal weitergehen.

### 8.5.2.2 Bands

Eine gute Band schafft es, das Publikum schnell zu animieren und sorgt so für fantastische Stimmung. Durch den Live-Charakter schafft sie es oft schneller als ein DJ, die Leute auf die Tanzfläche zu bringen und zum Mittanzen zu begeistern.
Der Vorteil des DJs ist zugleich der Nachteil der Bands: Diese sind nicht so flexibel, was die Musikrichtung angeht, da alle Stücke im Vorfeld einstudiert werden müssen.
Außerdem brauchen Bands natürlich Pausen und können nicht wie ein DJ acht Stunden lang Vollgas geben.

Mit einem Preis zwischen 100 und 300 Euro pro Stunde ohne Anfahrt sind Bands in der Regel teurer als DJs. Viele Bands bieten aber an, dass ihr sie individuell zusammenstellen könnt. Falls euch die Kosten einer großen Gruppe zu hoch erscheinen, können eventuell ein oder zwei Instrumente gestrichen werden. So wird es etwas günstiger.

## 8.6 Beschäftigung für Jung und Alt

### 8.6.1 Beschäftigung für Erwachsene

Für manche Brautpaare sind Hochzeitspiele überhaupt nichts und sie schließen sie kategorisch aus. Doch gibt es Spiele, die wirklich gut zum Anheizen einer Party geeignet sind und allen Spaß machen, ohne peinlich zu sein.
Das passende Spiel zur richtigen Zeit kann eine abflachende Stimmung wieder zu einem neuen Höhepunkt führen.

Es ist schön, wenn eure Gäste beschäftigt werden, damit es nicht dazu kommt, dass sie gelangweilt sind. Aber überhäuft sie keinesfalls mit Aktivitäten. Besonders zu viele Aktivitäten, die sie machen „müssen", werden schnell als störend und nervig empfunden. Stellt hier lieber ein Angebot bereit, welches die Gäste annehmen können, was aber kein Zwang ist.

Spätestens kurz vor dem Dinner sind kleine Kennenlernspiele gut geeignet, wenn an den Tischen teils gemischtes Publikum sitzt und die Leute sich nicht gut kennen.
Ein unkompliziertes und keineswegs für irgendjemand peinliches Kennenlernspiel ist es, Einwegkameras auf den Tischen zu verteilen. Daneben liegen Zettel mit verschiedenen Aufgaben, die es als Tisch zu erledigen gilt. So wird das erste Eis unter den Sitznachbarn schnell gebrochen und sie lernen sich auf diesem Weg kennen.
Eine Liste mit Aufgaben findet ihr auf unserer Internetseite.

Generell sollte bei Hochzeitsspielen nicht immer nur das Brautpaar im Mittelpunkt stehen, sondern auch einmal die Gäste. Der Zeremonienmeister und das Brautpaar können dabei gut als Schiedsrichter und Spielleiter fungieren.
Um die Gäste zur freiwilligen Mitarbeit zu ermutigen, könntet ihr Sachpreise ausrufen, die es zu gewinnen gibt.

Erwachsene und Kinder können gleichermaßen auch etwa durch folgende Künstler beeindruckt werden, die für Abwechslung sorgen: Riesen-Seifenblasen-Macher, Feuerspucker, Karikaturisten und Magier.

> Beispiel:
> 2018 hatten wir eine Mottohochzeit mit dem Thema Jahrmarkt. Das Brautpaar hatte in unserem Park verschiedene Kirmesspiele wie Dosenwerfen, ein Glücksrad, Entenangeln und eine Hüpfburg aufgebaut. Sogar einen Münzschieber, mit dem sie noch ein kleines Plus für ihre Hochzeitsreise gemacht haben, gab es.
> Wir fanden die ganze Feier wirklich toll. Solche Jahrmarktspiele müssen aber nicht mit einer Mottohochzeit einhergehen, sondern können einfach ergänzend aufgebaut werden.

## 8.6.2 Kinderanimation

Habt ihr unter den Gästen Eltern und wisst, dass Kinder mit zur Hochzeit kommen werden, solltet ihr bereits bei der Besichtigung der Location auf genügend Platz für die Kinder achten. Werden einige Kinder auf der Hochzeit anwesend sein, lohnt es sich möglicherweise, einen Nebenraum speziell für die Kinder zu nutzen.
Unter Umständen bietet die Location, in der ihr heiratet, auch einen Erzieher mit an, der sich dann um die Kinder kümmert, damit die Eltern sich amüsieren können, ohne die ganze Zeit auf die Kinder aufzupassen. Ansonsten könnten auch Schichten geplant werden, in denen sich die Eltern abwechselnd um die Beaufsichtigung der Kinder kümmern.

In einem Nebenraum könntet ihr eine Spielecke einrichten. Dazu sind dann alle Eltern angehalten, die Lieblingsspielzeuge ihrer Kinder mitzubringen.
Auch die Einrichtung einer Kuschelecke, in der sich die Kleinen ausruhen können, ist eine schöne Idee. So können sich die, die es möchten, jederzeit zurückziehen.

Für das Tagesprogramm kann ein Magier oder ein Clown engagiert werden. Eventuell könnte dieser dann auch während des Dinners am Abend die Erwachsenen etwas unterhalten.
Ihr könnt euch auch ein paar Bewegungsspiele wie Sackhüpfen, Twister und Eierlaufen überlegen, die ihr kurz vor dem Abendessen spielt, damit die Kleinen

sich verausgaben können. Auch eine Hüpfburg kann ein Highlight für Groß und Klein sein. Aber achtet hier darauf, dass immer jemand auf die Kinder aufpassen sollte. Vor allem, wenn Kinder mit unterschiedlichem Alter und Gewicht in der Hüpfburg spielen, sollte aufgepasst werden.

Am Abend kann in dem Nebenraum ein Kinderfilm auf einer Leinwand gezeigt werden. Reicht ihr dazu noch Popcorn, werdet ihr sicherlich keine Probleme damit haben, dass die Eltern sich nur um ihre Kinder kümmern müssen. Damit die Eltern dann auch noch länger bleiben und feiern können, wäre es gut, wenn die Kinder durch die Großeltern oder andere Vertrauenspersonen abends abgeholt werden.

Als Gastgeschenke für Kinder eignen sich je nach Alter Bastel- und Malsachen, Playmobil, Lego und Seifenblasen.

## 8.7 Floristik und Dekoration

Der Kontakt zu einem geeigneten Floristen kann oft über die Location hergestellt werden. Die meisten Locations arbeiten immer wieder mit den gleichen Floristen zusammen. Wendet ihr euch an einen Floristen, den die Location empfohlen hat, könnt ihr davon ausgehen, dass er sich in den Räumlichkeiten auskennt und weiß, was zu dem Stil der Location passt.

Sucht ihr lieber selbst nach einem Floristen, solltet ihr darauf achten, dass er sich in der Hochzeitsbranche auskennt. Viele Floristen haben ihr Spezialgebiet in anderen Bereichen wie der Grabpflege oder dem Binden von Sträußen für den Alltag.

Experten auf ihrem Gebiet sind oft auf sozialen Netzwerken wie Instagram aktiv und präsentieren dort regelmäßig neue Kreationen.

Ein guter Florist vereinbart mit euch einen Beratungstermin. Im Laden haben spezialisierte und größere Floristen oft eine Hochzeitsecke, in der sie einige Dekoelemente präsentieren.

Ein eigenes Fotobuch mit Beispielfotos vergangener Hochzeiten bieten die meisten ebenfalls.

Die Blumen sollten natürlich zur restlichen Deko, dem Motto der Hochzeit sowie zur Location passen. So fallen bestimmte Farben für die Blumen weg, wenn die Wände farbig gestrichen sind oder aus einem bestimmten Material, wie zum Beispiel Backstein, bestehen. Auch kommt es sehr auf die Bauart der Räumlichkeiten an. In einem palastartigen Saal mit hohen Decken macht sich eine pompösere Blumendeko gut, während sie in einem Raum mit geringerer Deckenhöhe deplatziert wirken würde.

Nach einer vorherigen Beratung stellen gehobenere Floristen einen Mustertisch zusammen. An diesem seht ihr dann, wie das Endergebnis aussehen könnte. Solche intensiven Beratungsgespräche schlagen sich aber natürlich im Preis nieder. Manche Floristen bieten Gesamtpakete mit zusätzlichen Dekoelementen zu dem reinen Blumenschmuck und Vasen an. Das kann sich lohnen, wenn ihr keine Lust oder Zeit habt, Deko selbst zu kaufen oder zuvor schon wisst, dass ihr hinterher keine Verwendung mehr dafür habt. Ganz nach dem Motto: „Besser schön geliehen als schlecht gekauft."

Beim Beratungsgespräch solltet ihr schon abklären, welche Liefermöglichkeiten geboten werden. All-inclusive-Pakete, bei denen alles angeliefert, aufgebaut und wieder abgeholt wird, sind naturgemäß teurer, als wenn ihr alles beim Floristen abholt und Vasen und andere Leihgaben hinterher selbst zurückbringt. Hier könnt ihr mit recht wenig Aufwand einiges an Geld sparen. Denn vermutlich werdet ihr am Tag vor der Hochzeit in jedem Fall ein letztes Mal in die Partylocation fahren, um Details abzuklären und Dinge wie die Gastgeschenke zu platzieren.
Wir raten aber dringend davon ab, dies noch schnell am Morgen der Trauung zu erledigen. Das verursacht nur unnötigen Stress. Auch habt ihr dann keine Möglichkeit mehr, gegenzusteuern, falls etwas nicht passt und geändert werden sollte.

## 8.7.1 Preise

Da Blumenpreise saisonal extrem schwanken (oft um mehrere 100 Prozent), ist es ratsam, schon am Tag der Bestellung einen verbindlichen Fixpreis auszumachen. So seid ihr kostentechnisch auf der sicheren Seite.
Dazu ist es dann entscheidend, genau festzulegen, was alles im Paket enthalten ist. Diese Aufzählung sollte dann auch mit Stückzahlen und Mengen der bestellten Blumen und Dekoelementen arbeiten.

Günstiger wird es immer, wenn ihr auf Blumen der Saison, in der ihr heiratet, setzt und auf exotische Pflanzen verzichtet. Neben dem Preisvorteil wirkt das natürlicher und authentischer.

Was ebenfalls bei der Wahl der Blumen beachtet werden sollte, ist, dass manche Blüten, wie beispielsweise Lilien, ausgeprägt duften. Um dies zu verhindern, können die Blüten präpariert werden. Dazu entfernt man die Staubgefäße vor dem Aufblühen. Allerdings ist dies eine mühsame Handarbeit und dadurch kostenintensiv.

Preislich variiert der Tischschmuck von 20 bis 200 Euro. Für 40 bis 60 Euro pro Tisch bekommt man oft schon sehr schöne Tischdekorationen inklusive Blumen der Saison, Vasen und Untersetzern.

Hadert ihr wegen der vermeintlich hohen Preise für Blumen, könnt ihr klare Prioritäten setzen und euch fragen, wo die Blumen gebraucht werden. Der Tischschmuck sollte dabei auf der Liste recht weit vorne stehen, da dieser am meisten auffällt. Blumen vor der Kirche werden dagegen beispielsweise oft nicht so stark wahrgenommen.

Auch könntet ihr die Blumen aus dem Standesamt oder der Kirche nach der Trauung mit zur Location nehmen und dort wieder verwenden.

## 8.7.2 Der perfekte Brautstrauß

Ein perfekter Brautstrauß ergänzt das Hochzeitskleid und harmoniert mit ihm. Der Brautstrauß wird traditionsgemäß vom Bräutigam alleine ausgesucht. Die meisten Paare suchen ihn inzwischen aber gemeinsam aus.

Generell gilt, dass zu einem schlichten Kleid ein auffallender Brautstrauß passt und umgekehrt.
So darf bei einem Kleid in I-Linie gerne beim Brautstrauß etwas mehr geklotzt werden und dieser auffallender gestaltet sein.
Bei einem klassischen, ausladenden Kleid in A-Linie verhält es sich genau umgekehrt. Hier machen sich kompakte, runde Sträuße besser.
Und bei einem auffälligen Sissi-Kleid wirken schlichte Biedermeiersträuße mit nur einer Sorte Blüten stilecht.

Manche Bräute tragen auch gar kein Kleid, sondern lieber einen Hosenanzug oder Ähnliches. Hier kann man, was den Brautstrauß angeht, gerne experimentierfreudig werden und etwas Ausgefallenes wagen.
Etwa eine mit Blüten verzierte Tasche, ein Blütenzepter oder einen Blütenfächer anstatt eines Brautstraußes.

Aber was macht den Brautstrauß eigentlich so besonders und was unterscheidet ihn von einem „normalen" Blumenstrauß?
Er muss vor allem robust und haltbar sein, da er den ganzen Tag ohne Wasser auskommen muss.
Außerdem muss er extrem fest gebunden sein und darf nicht stauben oder abfärben, da er sonst das Kleid beschmutzen könnte. Zu guter Letzt ist es wichtig, dass er verletzungssicher ist, so dass die Braut ihn ohne Probleme tragen und beim Brautstraußwurf werfen kann.
Durch diese Herausforderungen kann das Binden eines Brautstraußes durchaus bis zu eineinhalb Stunden dauern. Kosten von 30 bis 100 Euro sind da nicht verwunderlich.

## 8.8 Kleider machen Leute

Genauso unterschiedlich wie die Brautpaare ist auch die Mode, die sie tragen.
Das Budget und der Stil eurer Hochzeit steht schon lange fest. Nun kann mit dem Kauf eurer Kleidung begonnen werden.

Feiert ihr eine Themenhochzeit, sollte eure Garderobe natürlich zum jeweiligen Motto passen. Es muss dann auch nicht immer das klassische weiße Kleid und der schwarze Anzug sein. Insbesondere bei einer Mottohochzeit ist alles erlaubt. Ihr könnt also mutig sein.
Insbesondere bei Bräuten mit einer sportlichen Figur machen sich auch Hosenanzüge oder Zweiteiler aus einem Rock und einer edlen Bluse gut. Solche Kombinationen bieten sich beispielsweise wunderbar fürs Standesamt an, wenn ihr bei der standesamtlichen Trauung etwas anderes tragen möchtet als bei der kirchlichen bzw. freien Trauung.

Anekdote: Wir haben mal eine Hochzeit mit dem sehr offen gehaltenen Motto „Grenzen sprengen" begleitet. Der Bräutigam trug einen strahlend weißen Anzug und die Braut ein tiefschwarz eingefärbtes Brautkleid inklusive dramatischem Fascinator. Das war wirklich mal etwas anderes, sah aber sehr toll aus.

## 8.8.1 Braut

### 8.8.1.1 Hochzeitskleid

Was viele nicht wissen: Brautkleider haben teils eine sehr lange Lieferzeit von vier bis sechs Monaten. Das liegt daran, dass Hochzeitskleider meist nur nach Auftrag gefertigt werden. Selbst Designerkleider werden zum Großteil in asiatischen Ländern wie Bangladesch und China hergestellt. Aber auch die Türkei ist stark in dieser Branche.

Deswegen ist es wichtig, möglichst frühzeitig, am besten acht bis zwölf Monate vor der Hochzeit, den ersten Termin in einem Brautmodengeschäft zu vereinbaren. Denn leider werdet ihr oft nicht sofort fündig werden. Wenn ihr frühzeitig im ersten Geschäft wart, habt ihr noch genug Zeit, euch woanders umzuschauen.

Da kommen wir auch gleich zum nächsten Punkt. Denn wenn euch in einem Geschäft kein Kleid gefällt und insbesondere, wenn der Verkäufer versucht, euch zu einem Kleid zu überreden, welches euch nicht zu 100 Prozent zusagt, solltet ihr keine Scheu davor haben, auch ohne Kauf aus dem Laden zu gehen. Das ist Alltag in Brautmodengeschäften und in der Marge der Händler schon berücksichtigt.

Pro Brautmodengeschäft solltet ihr etwa zwei Stunden Zeit einplanen. Wenn es euch möglich ist, vereinbart die Termine möglichst unter der Woche. Dann ist in den Geschäften deutlich weniger Hektik und ihr könnt eine bessere Beratung als samstags erwarten.

Am besten geht ihr ganz ungeschminkt oder nur ganz leicht geschminkt auf die Brautkleidsuche. Denn auf den empfindlichen weißen Stoffen entstehen schnell Flecken, wenn ihr nicht ganz genau aufpasst.

Wisst ihr schon ungefähr, wie hoch die Schuhe sein sollen, die ihr tragen werdet? Dann lohnt es sich, vergleichbar hohe Schuhe mit zum Brautkleidkauf zu nehmen. So bekommt ihr ein authentischeres Gefühl für die Länge des Kleides und falls ihr euch direkt entscheidet, können auch schon die Maße genommen werden, damit das Kleid am Ende die richtige Länge hat.

Ihr solltet zusätzlich alle Informationen mitnehmen, die ihr sonst schon über eure Hochzeit habt. Wichtig ist der Stil eurer Hochzeit, aber auch Fotos der Location können dem Verkäufer helfen, den für euch richtigen Look zu finden.

Was ebenfalls immer gut hilft, sind Beispielfotos von Kleidern, die euch gefallen.

Wichtig beim Brautkleidshopping sind auch gute Berater. Nehmt aber nicht zu viele Leute mit. Denn jede Person mehr bedeutet auch eine Meinung mehr. Und das kann schlussendlich dazu führen, dass ihr vor lauter fremder Meinungen selbst gar nicht mehr wisst, was euch gefällt. Gut ist es auch, wenn die Personen, die ihr mitnehmt, einen ähnlichen Modegeschmack wie ihr haben.

Lasst eure Berater auch unbedingt Fotos von euch machen. Gerade wenn ihr euch schon fest für ein Kleid entschieden habt. Denn bei langen Lieferzeiten kommt ihr vielleicht hinterher noch einmal ins Grübeln. Dann könnt ihr euch jederzeit die gemachten Fotos anschauen und euch ins Gedächtnis rufen, dass alles perfekt aussehen wird.

Alle Schnitte und Details von Brautkleidern hier auszuführen wäre an dieser Stelle zu weit gefasst. Es sind einfach so viele individuelle Faktoren, die beachtet werden müssen. Zusammen mit einem Brautmodefachmann werdet ihr sicher zu einem für euch passenden Ergebnis kommen.
Auch wenn euch manche Kleider, die euch der Berater vorschlägt, auf den ersten Blick nicht gefallen, solltet ihr anfangs verschiedene Kleider anprobieren. Denn die Kleider sehen auf den Bügeln häufig ganz anders aus als angezogen.
Klar – das Aussehen eines Brautkleides wird für die meisten Bräute der entscheidende Faktor sein. Achtet unbedingt aber auch auf das zum Teil nicht unerhebliche Gewicht des Kleides und darauf, wie beweglich ihr im Kleid seid. Besonders abends bei der Party sollte das Kleid nicht zu steif sein.
Habt ihr euch in ein besonders schweres oder starres Kleid verliebt, könntet ihr auch überlegen, für das Abendprogramm ein zweites, leichteres Outfit dazu zu kaufen. Oder aber vielleicht kann das Kleid so gefertigt werden, dass es aus zwei Teilen besteht. So könnt ihr nachmittags oder abends den schweren Teil des Kleides ablegen.

### 8.8.1.1.1 Wie viel darf das Kleid kosten?

Gerade Designerkleider sind keine günstige Angelegenheit. Sie können über 3 000 Euro kosten.
Die „normale" Preisspanne liegt aber etwa zwischen 800 und 1 500 Euro.

Stark abhängig ist der Preis eines Kleides neben dem Label, das es fertigt, vor allem vom Aufwand, den es braucht, um es herzustellen. Je mehr Stoff verwendet wurde, je opulenter es ist und je mehr Details das Kleid hat, umso teurer ist es meist auch.
Vor allem schlichte und glatte Brautkleider, denen man – wären sie nicht weiß – nicht ansieht, dass es Brautkleider sind, gibt es teils sogar für 300 bis 600 Euro. Besonders solche Kleider eignen sich auch oft zum Umfärben. So können sie hinterher als ganz normale Abendgarderobe getragen werden. Bei so einem Kleid spart man also in doppelter Hinsicht.

**Weitere Möglichkeiten zum Sparen**

Aber es gibt auch noch einige andere Möglichkeiten, Geld zu sparen, ohne dass dies jemals jemandem auffallen würde.
Der erste und unkomplizierteste Tipp ist, ein Kleid aus der letzten Saison zu kaufen. Gerade in der Brautmode halten Trends länger an und insbesondere klassische Modelle verlieren nur sehr langsam an Aktualität. Es wird also niemandem auffallen, dass du ein Kleid aus der letzten Saison trägst. Der beste Zeitpunkt, um solch ein Kleid zu ergattern, ist der Schlussverkauf im August und September, kurz bevor die aktuellsten Modelle der neuen Saison eintreffen.

Eine weitere Möglichkeit ist, ein gebrauchtes Brautkleid zu erstehen. In einigen größeren Städten gibt es darauf spezialisierte Secondhandläden.
Ein ähnlicher Tipp ist, das Brautkleid nur zu leihen. Die Leihgebühren liegen dann zwischen 30 und 50 Prozent des Kaufpreises. Änderungen und Anpassungen, sodass euch das Kleid perfekt passt, sowie die Reinigung sind in diesem Preis inklusive. Bei dieser Möglichkeit sind wir zwiegespalten. Klar – wir finden es super, dass das Kleid nicht nur einmalig getragen wird – aber vielleicht wärt ihr in einem geliehenen Kleid zu vorsichtig und würdet euch nicht natürlich geben, weil ihr die ganze Zeit Angst hättet, etwas an dem Kleid zu beschädigen.

Der letzte Spartipp ist, das Kleid im Ausland zu kaufen. Das bietet sich an, wenn ihr nahe der polnischen oder tschechischen Grenze wohnt. Oder aber wenn ihr sowieso gerade einen Urlaub in ein Land wie die Türkei plant. In all diesen Ländern sprechen die Kundenberater meist sehr gut Deutsch. Und obwohl die Kleider nur einen Bruchteil des Preises in Deutschland kosten, müsst ihr bei der Qualität keine Abstriche machen. Die günstigen Preise kommen dadurch zustande,

dass in solchen Ländern die Brautkleider gefertigt werden. Bringt ihr mehr als eine Woche Zeit mit, kann das Kleid meist auch sofort an euch angepasst werden.
Beachtet aber bei Nicht-EU-Ländern, dass ihr Einfuhrumsatzsteuer in Höhe von 19 Prozent des Kaufpreises bei der Einreise nach Deutschland zahlen müsst.

> Anekdote:
> Gerade wir beide sind überzeugte Onlineshopper. Teilweise kaufen wir sogar unseren Reis im Zehnkilosack online.
> Wir möchten euch allerdings dringend davon abraten, euer Brautkleid im Internet zu kaufen. Keine Frage – sicherlich gibt es auch im Internet viele schöne Kleider. Aber ein Brautkleid ist etwas Besonderes und sollte deshalb vor dem Kauf zwingend anprobiert werden. In 90 Prozent der Fälle müsste das Brautkleid sowieso noch einmal an euch angepasst werden. So ist fraglich, ob es hinterher wirklich günstiger ist.

## 8.8.1.2 Accessoires

Für Accessoires zum Brautkleid gilt, dass sie es in der Regel unterstreichen, aber nicht davon ablenken sollten. Deswegen sind die meisten klassischen Accessoires für Bräute eher schlicht gehalten.
Gänzlich fehlen sollten sie aber dennoch nicht. Richtig in Szene gesetzt komplettieren sie den Brautlook und bringen ihn zur Perfektion.

Je nach Brautmodengeschäft und Preis des Kleides gibt es einzelne Accessoires manchmal gratis zum Brautkleid dazu. Lässt euer Brautmodenberater beim Preis des Brautkleides nicht mit sich handeln, bieten sich Accessoires auch super an, um doch noch etwas rauszuschlagen. Bringt dann einfach ins Spiel, dass ihr ja statt einer Reduktion des Preises das ein oder andere Teil kostenlos dazubekommen könntet.
Dafür kommen etwa Strümpfe, Strumpfbänder, Unterwäsche, Brautgürtel und besonders Schleier in Frage.

Doch was braucht ihr noch? Ergänzend zum Schleier bietet sich ein Diadem für die Haare an. Tragt ihr keinen Schleier, könnte ein Fascinator eine Alternative für euch sein. Aber auch Haarreifen, Haarbänder, Haarkämme und sogar Haarketten können je nach Stil eurer Hochzeit eine super Ergänzung zu eurem Look sein.

Eine zum Brautkleid harmonierende Brauttasche ist perfekt geeignet, um Kleinigkeiten wie euer Handy oder euren Lippenstift zu verstauen. Natürlich könnt ihr so etwas aber auch eurer Trauzeugin zur Verwahrung geben.

Selbstverständlich braucht ihr auch etwas an den Füßen. In vielen Brautmodengeschäften könnt ihr direkt die passenden Schuhe zu eurem Kleid erwerben. Werdet ihr dort nicht fündig, lasst euch wenn möglich ein Stück Stoff des Kleides mitgeben. So könnt ihr nach passenden Schuhen suchen. Eventuell könnten auch Schuhe mit dem Stoff des Kleides bezogen werden. Für einen talentierten Schuhmacher ist das kein Problem.

Denkt in jedem Fall daran, eure Schuhe rechtzeitig einzulaufen, damit euch am Hochzeitstag nicht nach einer Stunde bereits die Füße schmerzen. Das gilt sowohl für Bräute als auch für Bräutigame. Tragt die Schuhe ab und an mal zu Hause. So kann auch noch nichts an sie drankommen.

Erwartet ihr eine sehr lange Nacht oder heiratet ihr nicht im Hochsommer? Hat euer Kleid nur dünne oder gar keine langen Ärmel, bietet sich ein kleines Jäckchen, ein Bolero oder ein passendes Cape an. Aber auch ein großer, eleganter Schal kann sehr schön aussehen.

Handschuhe sind ebenso besonders an kälteren Tagen ein schönes Accessoire.

Was den Schmuck angeht, kommt alles außer Ringen in Frage. An den Fingern solltet ihr am Hochzeitstag nur einen Ring tragen, damit dieser besonders zur Geltung kommt.

## 8.8.2 Bräutigam

### 8.8.2.1 Anzug

Natürlich sollte nicht nur die Braut durch ihr Outfit beeindrucken. Auch der Bräutigam darf an seinem Hochzeitstag alle anderen Gäste in den Schatten stellen.

Ebenso wie bei den Brautkleidern wäre es zu viel des Guten, hier alle verschiedenen Varianten von Anzügen, die zur Hochzeit getragen werden können, aufzuzählen. Da seid ihr bei einem klassischen Herrenausstatter beziehungsweise, wenn es besonders edel sein darf, bei einem Maßschneider besser aufgehoben. Genau genommen sind die Gos und No-Gos der Herrenkleidung wesentlich strenger als bei Frauen. Aber auch hier gilt: Erlaubt ist, was gefällt.

Das Aussuchen des perfekten Anzugs kann mindestens genau so lange dauern wie die Auswahl des perfekten Brautkleides. Doch zumindest die „Lieferung" des Anzugs geht meist deutlich schneller.
Deswegen solltet ihr erst, nachdem das Kleid feststeht, auf Anzugsuche gehen. Der Anzug sollte hinsichtlich des Stils, des Schnitts und der Farbe zum Kleid passen. Wenn der Bräutigam das Kleid vor der Hochzeit nicht sehen soll, sollte aber zumindest der Herrenausstatter ein Foto von dem Kleid zu Gesicht bekommen. Geht ihr zusammen shoppen, könnt ihr als zukünftige Braut das Foto einfach mitnehmen. Seid ihr, wie es immer häufiger der Fall ist, nicht beim Anzugkauf dabei, schickt der Begleitung eures Verlobten ein Foto des Brautkleides. Für die Begleitung gilt das Gleiche wie auch schon bei der Frau. Am besten nicht zu viele Begleitungen und Leute mit ähnlichem Geschmack auswählen.

Habt ihr schon eure Schuhe? Wunderbar. Nehmt diese dann am besten schon zum Anzugkauf mit. So kann die Beinlänge der Anzugshose direkt passend abgesteckt werden.

### 8.8.2.1.1 Von der Stange oder doch lieber nach Maß?

Die Preise für einen „normalen" Anzug fangen bei 200 Euro an. Bei einem Herrenausstatter müsst ihr für einen hochwertigeren Anzug inklusive Änderungskosten mit etwa 400 bis 800 Euro rechnen. Innerhalb von wenigen Tagen ist der Anzug in der Regel bei euch zu Hause.

Ein Anzug nach Maß spielt in einer ganz anderen Liga. Hier bezahlt ihr für einen in Deutschland gefertigten Vollmaßanzug etwa 3 000 bis 5 000 Euro. Vollmaß bedeutet, dass über zwei bis vier Sitzungen der Anzug ohne den kleinsten Fehler nach euren Vorstellungen angefertigt wird. Bis der Anzug perfekt ist, kann es einige Monate dauern.
Daneben gibt es noch die Möglichkeit der sogenannten Maßkonfektion. Dabei werden eure Maße einmal genommen und der Anzug wird nach euren Vorstellungen maschinell im Ausland gefertigt. In Deutschland wird er dann in der

Regel nur noch angepasst, falls doch noch Diskrepanzen hinsichtlich der Bein- oder Armlänge bestehen.

Ein solcher Anzug kostet je nach Form, Stoff und Farbe etwa 800 bis 1 500 Euro und liegt damit im Mittelfeld. Nach zwei bis vier Wochen haltet ihr dann den fertigen Anzug in den Händen.

Es gibt auch im unteren Preissegment sehr schöne Anzüge. Besonders wenn ihr eine „gängige" Körperform habt, könnt ihr mit ein wenig Suche oft für ein paar Hundert Euro einen schönen Anzug finden. Aber macht euch nicht verrückt, wenn es doch etwas mehr kosten wird. Denn im Gegensatz zum Kleid, welches meistens nur einmal im Leben von der Braut getragen wird, kann ein schöner Anzug bei nahezu jedem Event, bei dem man schicker angezogen sein sollte, recycelt werden.

## 8.8.2.2 Accessoires

Die Liste der Accessoires für Herren ist beinahe länger als bei den Damen.

Hier möchten wir von unten am Körper nach oben gehen:

Wir fangen also bei den Füßen an. Mit schwarzen Schuhen macht ihr nie etwas falsch. Je nach Anzug sollten es sogar zwingend Lackschuhe sein. Ein Frack wirkt ohne stilechte Lackschuhe nicht komplett. Je schlichter und flacher die Schuhe sind, desto eleganter wirken sie. Wie die Schuhe der Braut sollten die Schuhe in jedem Fall zuvor eingelaufen werden, um Blasen an den Füßen am Hochzeitstag zu verhindern.

Weiter geht's mit den Socken. Sicherlich macht ihr mit knielangen schwarzen Baumwoll- oder Seidenstrümpfen in keinem Fall etwas falsch. Seid ihr mutig und wollt einen Akzent setzen, kommen aber auch bunte Socken in Frage. Beispielsweise sind die Socken der Firma „Happy Socks" gerade voll im Trend unter Bräutigamen. Das sollte aber auf jeden Fall vorher unter euch beiden geklärt werden. Nicht dass die Braut es sich am Traualtar doch noch anders überlegt!

Als Nächstes folgt der Gürtel. Hier macht man mit klassischem Schwarz auch nie etwas falsch. Als Alternative kann man es auch mit Hosenträgern versuchen.

Wandern wir am Körper weiter nach oben, kommen wir zum Kummerbund beziehungsweise der Weste. Ein Kummerbund kann bei einem Smoking anstatt einer Smokingweste getragen werden. Im Prinzip ist ein Kummerbund ein Tuch, welches, den Hosenbund verdeckend, über der Taille getragen wird. Er wird farblich immer mit der Schleife und dem Einstecktuch abgestimmt.

Am Hals tragen die meisten Bräutigame entweder eine Schleife beziehungsweise Fliege oder ein Plastron. Letzteres ist im Prinzip eine besonders ausladende weiße Krawatte. Heutzutage gibt es sie neben Weiß auch in allen anderen Farben. Natürlich kann, abhängig vom Anzug, auch eine normale Krawatte getragen werden.

Passend dazu sollte ein Einstecktuch getragen werden. Mit einem weißen Einstecktuch zum weißen Hemd macht ihr in keinem Fall etwas falsch. Ein stilistisches No-Go sind dagegen Einstecktücher die mit Fliegen oder Krawatten im Set gekauft werden und aus exakt dem gleichen Stoff bestehen. Das solltet ihr vermeiden. Lasst euch da bei einem Herrenausstatter adäquat beraten.
Als Alternative zum Einstecktuch machen sich kleine, zum Brautstrauß passende Blumenanstecker immer gut. Sie geben einem Hochzeitsanzug das gewisse Extra, so dass man für jeden als Bräutigam erkennbar ist.

Gerade bereits erwähnt – das Hemd. In 99 Prozent der Fälle seid ihr mit einem eleganten, weißen Hemd gut beraten.

Als Letztes fehlen in der Auflistung noch eine schöne Uhr und Manschettenknöpfe. Insbesondere mit Letzteren kann ein nahezu unscheinbarer, aber dennoch witziger Akzent gesetzt werden. Ihr könntet zum Beispiel Fußballmanschettenknöpfe tragen, wenn das Fußballspielen eure Leidenschaft ist.

## 8.9 Visagist und Friseur

Oft bucht man hier das Gesamtpaket für Haare und Make-up zusammen. Manchmal im Team, meist aber durch ein und dieselbe Person. Zwar gibt es viele gute Visagisten und Friseure, aber nicht alle sind damit vertraut, den perfekten Look für eine Hochzeit zu kreieren. Deswegen solltet ihr für den Hochzeitstag nicht unbedingt euren Stammfriseur beauftragen.

Habt ihr durch Empfehlung oder Internetrecherche einen passenden Friseur und Visagisten gefunden, vereinbart unbedingt einen Probentermin, an dem ihr viel Zeit mitbringt. Hier lernt man sich kennen und bespricht die eigenen Wünsche. Ihr könntet auch gleich einen Termin für ein Probestyling ausmachen. Das müsstet ihr natürlich bezahlen. Oft lohnt es sich dennoch, da ihr so an Sicherheit gewinnt und am Hochzeitstag keine negative Überraschung auf euch zukommen wird. Außerdem rechnen viele Stylisten das Probe-Make-up beim Endpreis an. Vielleicht steht ja auch einige Wochen vor eurer Hochzeit ein Event an, bei dem ihr elegant erscheinen könnt. Dann böte es sich an, diesen Tag für das Probe-Make-up zu nutzen.

Bei einem guten Stylisten wird alles auf die Braut, die Jahreszeit und das Kleid sowie das Farbkonzept der Hochzeit abgestimmt. Deswegen solltet ihr dem Stylisten so viele Infos wie möglich mitteilen. Vom Blumenschmuck, dem Brautstrauß sowie eurem Kleid solltet ihr Fotos dabeihaben.
Erlaubt ist beim Make-up, was euch gefällt. Nur die Farbe Gelb solltet ihr meiden, da sie laut Farbpsychologie für Krankheit steht.

Wir raten euch, kurz vor der Hochzeit keine Beautyexperimente oder Typveränderungen durchzuführen. Ihr solltet euch selbst treu bleiben. Verändert euch also nicht so stark, dass ihr es hinterher bereuen könntet.
Auch neue Produkte, Duftstoffe und Wirkstoffe solltet ihr in den letzten Wochen vor eurem großen Tag nicht ausprobieren. Es könnten allergische Reaktionen hervorgerufen werden. Setzt in den letzten Wochen vor der Hochzeit lieber auf Altbewährtes.

Am Hochzeitstag selbst ist zu empfehlen, dass der oder die Stylist(en) zu euch nach Hause beziehungsweise in euer Hotelzimmer kommen. Hier fühlt ihr euch am wohlsten und ihr spart Zeit. Wichtig ist, dass ihr fürs Make-up einen hellen Raum mit möglichst viel Tageslicht aussucht. So können Stylisten am besten arbeiten. Schaut auch, dass nicht ständig Leute durch den Raum laufen, denn das kann ablenkend wirken.

Habt ihr Lust, aus dem Styling am Hochzeitsmorgen ein kleines Event zu machen? Dann könnten eure Trauzeugin, die Brautjungfern und eure Mutter beziehungsweise Schwiegermutter dabei sein und ebenfalls professionell gestylt werden. Dazu im Kapitel 17.2, „Das Getting Ready", mehr.

Und auch dem Bräutigam wird ein leichtes Make-up empfohlen. Natürlich so unauffällig, dass es später nicht sichtbar ist. Es wird nur ein wenig idealisiert und mattiert. So werden Augenringe, Stressflecken und kleinere Unreinheiten überdeckt, um frischer zu wirken.

Die Kosten und inkludierten Leistungen sowie den Zeitaufwand sprecht ihr vorher ab. Je nach Aufwand ist mit 80 Euro aufwärts nur für die Braut zu rechnen. Bei speziellen Make-ups und Frisuren, bei denen mit einem Haarteil gearbeitet wird, kommen auch durchaus 250 bis 300 Euro zusammen. Jede weitere Person kostet dann zusätzlich Geld.
Für das Make-up und Haarstyling am Hochzeitstag solltet ihr mit etwa einer bis zwei Stunden Zeitaufwand rechnen.

## 8.9.1 Das Styling in die eigenen Hände nehmen

Sich am Hochzeitstag selbst zu schminken ist zwar möglich, wenn ihr euch auskennt, aber schwierig und kann schnell zu stressig werden. Deswegen raten wir euch davon ab.
Wollt ihr euch dennoch selbst schminken, solltet ihr vorher einen Workshop zu dem Thema besuchen. Dort lernt ihr, wie ein Hochzeits-Make-up richtig aufgetragen wird. Solche Kurse gibt es in allen größeren Städten.

Am besten besucht ihr solch einen Kurs erst ein paar Wochen vor der Hochzeit, da ihr ansonsten zu viel vergesst. Nach diesem Kurs solltet ihr euch dann auch das verwendete Make-up zulegen, damit ihr am Hochzeitstag das gleiche Ergebnis erzielt wie am Kurstag. Denn solche Profiprodukte sind nicht mit den Produkten aus der Drogerie vergleichbar und deutlich widerstandsfähiger.
Auf jeden Fall sollte das gesamte Make-up wasserfest sein. Denn ihr werdet am Hochzeitstag sicher die ein oder andere Freudenträne vergießen.

Am Hochzeitstag verwendet ihr bestenfalls ein Stofftaschentuch und keines aus Papier, um euch die Tränen aus dem Gesicht zu tupfen.
Diese sind für das Make-up schonender, da sie eine weichere Oberfläche haben. Stofftaschentücher bekommt ihr in der Babyabteilung von Drogeriemärkten oder bei Amazon. Wir haben euch gute Tücher auf unserer Internetseite verlinkt.
Natürlich solltet ihr auch mit Stofftaschentüchern immer nur tupfen und nie wischen, um das Make-up zu schonen.

## 8.10 Eheringe

Eheringe sind das perfekte Sinnbild für die Verbundenheit und Beständigkeit der Liebe. Schon seit der Antike tragen Menschen aus den verschiedensten Kulturen Eheringe.

Die meisten Menschen auf der Erde tragen den Ehering am linken Ringfinger. Schon die alten Ägypter taten dies, da sie davon ausgingen, dass auf der linken Körperhälfte die Ader vom Ringfinger direkt ins Herz führe. Für Rechtshänder ist diese Variante auch deutlich praktischer, da der Ring so im Alltag als weniger störend empfunden wird und nicht so hohen Belastungen ausgesetzt ist.
In Deutschland und Österreich aber wird der Ehering meist an der rechten Hand getragen. Eine wirkliche Begründung dafür gibt es nicht. Heutzutage seid ihr völlig frei in der Wahl der Seite. Tragt den Ring auf der Seite, die für euch bequemer ist.

Drei bis sechs Monate vor der Trauung solltet ihr zum Goldschmied oder Juwelier gehen, um eure Ringe nach individuellen Wünschen anfertigen zu lassen. Auch wenn ihr einen bestimmten Ring bestellen wollt, solltet ihr früh genug einen Juwelier aufsuchen.
Aber auch kurzfristiger werdet ihr noch passende Ringe finden. Viele Juweliere und Goldschmiede haben zahlreiche Ringe in verschiedenen Größen auf Lager. Natürlich seid ihr dann aber eingeschränkter und habt nicht mehr die freie Auswahl aus dem Sortiment.
Einen Termin vereinbaren solltet ihr in jedem Fall. So ist gewährleistet, dass ihr eine ausführliche Beratung bekommt, ohne das Stress herrscht. Der Goldschmied oder Juwelier plant sich seine Zeit dann exklusiv für euch ein.

Wollt ihr einen Ring ganz nach euren Vorstellungen anfertigen lassen, seid ihr tendenziell bei einem Goldschmied besser aufgehoben als bei einem Juwelier. Überspitzt ausgedrückt ist ein Juwelier „nur" ein Verkäufer, der selbst keinen Schmuck fertigt. Ein Goldschmied dagegen hat eine mindestens 3,5-jährige Ausbildung absolviert und kann Schmuck aus den unterschiedlichsten Materialien anfertigen und umarbeiten. Größere Juweliere haben manchmal auch eine eigene Werkstatt, in der dann angestellte Goldschmiede arbeiten.

Wie die meisten Dienstleister erkennt ihr auch einen guten Juwelier oder Goldschmied vor allem daran, dass er sich für euch Zeit nimmt und auf eure

Wünsche eingeht. Er sollte nicht nur daran interessiert sein, möglichst schnell einen möglichst teuren Ring zu verkaufen, mit dem er wenig Arbeit hat.
Natürlich sollte man auch beim Ringkauf nicht nur auf den Preis schauen. Schließlich soll euch der Ring ein Leben lang gefallen.
Bei günstigen Goldschmieden kann es außerdem sein, dass einfach weniger Material in Höhe und Breite der Ringe verwendet wurde. Habt ihr also zwei Ringe zur Auswahl, achtet auch darauf, wie groß die Materialstärke ist.

Was das Aussehen der Ringe angeht, seid ihr natürlich völlig euch selbst überlassen. Der Trend geht allerdings wieder zu hochglanzpoliertem, schlichtem Gelbgold. Ähnlich wie auch die Großeltern ihre Ringe vermutlich schon hatten fertigen lassen.

## 8.10.1 Das passende Material finden

Neben den rein optischen Anforderungen spielt bei der Ringwahl auch das Haptische eine Rolle. Ebenso können ganz praktische Gründe die Wahl für oder gegen einen bestimmten Ring oder das Material, aus dem er gefertigt ist, spielen. So ist ein weicher Goldring für jemanden, der viel mit den Händen arbeitet eher weniger geeignet, wenn der Ring jeden Tag getragen werden soll.
Ein kurzer Ausflug zu den gängigsten Metallen, die für Trauringe verwendet werden:

**Gold** ist der Klassiker schlechthin. Es wird aber niemals alleine verarbeitet, da es zu weich und damit verformbar ist. Ein reiner Goldring würde schnell seine Form verlieren. Aber auch Goldlegierungen sind nicht so beständig wie andere Metalle. Je nach Legierung unterscheidet man zwischen Rot-, Weiß- und Gelbgold. Hier ist einfach die Frage, was euch persönlich am besten gefällt. Bei Rotgold ist aber Vorsicht geboten. Da es meist Kupfer enthält, ist es für Allergiker ungeeignet.

**Silber** ist wesentlich günstiger als Gold und ebenfalls eher weich und somit leicht verformbar. Es ist ein sehr helles und das am stärksten reflektierende Material, das es überhaupt gibt.

Ein Ehering aus **Platin** ist die teuerste Variante, da Platin ein besonders edles und seltenes Metall ist. Außerdem ist es sehr widerstandsfähig. Weil es so edel ist, ist

es äußerst anlaufbeständig. Im Farbton ist es ähnlich wie Silber, jedoch um einiges dunkler.
Bei der Verarbeitung hat man im Vergleich zu Gold und Silber etwa das Doppelte bis Dreifache an Aufwand, was den Preis weiter in die Höhe treibt.

Als sehr günstige, aber dennoch enorm robuste Materialien für Eheringe gelten **Edelstahl** und **Titan**. Ihre Robustheit ist gleichzeitig auch ihr größter Nachteil. Sie sind so hart, dass sie nachträglich nicht in der Größe verändert werden können.

Für Ringe, die aus hochwertigen Legierungen bestehen, gilt, dass sie beständiger sind als nicht so hochwertige.
Weichere Materialien wie eine Goldlegierung mit einem hohen Goldanteil tragen sich nicht so schnell ab, verformen sich dafür aber schneller und umgekehrt. Eine Verformung kann man bei einem guten Goldschmied wieder bearbeiten lassen, während ein Abtrag natürlich nicht so leicht rekonstruiert werden kann, ohne den Ring einzuschmelzen und ganz neu zu fertigen.

Neben dem Material, aus dem die Ringe bestehen, spielt es auch eine Rolle, ob sie auf Hochglanz poliert oder mattiert sind. Darüber entscheidet der eigene Geschmack. Aber auch hier gilt, dass mattierte Ringe mit der Zeit ein wenig glänzen und polierte Ringe immer matter werden. Dass der Ring sich mit den Jahren verändert, ist selbstverständlich und nichts Schlimmes. Es kann auch als Sinnbild für eine sich immer wieder verändernde Ehe gesehen werden.

Natürlich können die Eheringe aber auch alle paar Jahre wiederaufgearbeitet und nachpoliert beziehungsweise nachmattiert werden.
Auch könnt ihr euch mit der Zeit umentscheiden und glänzende Ringe beispielsweise nachmattieren. Dies ist mit geringen Kosten verbunden und kann mit dem richtigen Schmirgelpapier sogar selbst zu Hause innerhalb weniger Minuten erledigt werden, wenn ihr es euch zutraut.
Natürlich ist aber auch jede nachträgliche Bearbeitung mit einem Materialabtrag verbunden und mit der Zeit werden die Ringe dünner.

## 8.10.2 Eheringe personalisieren

Ein Trend ist es, seine Eheringe auf verschiedene Weise zu personalisieren und zu individualisieren. Um ein Beispiel zu nennen: Als Symbol dafür, dass die eigene

Ehe genauso lange halten soll, ist es möglich, das Gold der großelterlichen Eheringe in die eigenen einzuschmelzen. Aber auch verschiedene andere persönliche Dinge können in den Ring mit eingearbeitet werden. Habt ihr euch etwa am Strand kennengelernt, sammelt doch ein Sandkorn an diesem Strand auf und lasst es in die Ringe einarbeiten.

Neben der Standardgravur des Hochzeitsdatums und des Vornamens eures Ehepartners sind durch Lasergravur auch ganz andere Dinge möglich. So kann zum Beispiel auch ein Fingerabdruck oder ein Foto eingraviert werden. Gravuren können nicht nur innen, sondern auch auf der Ringaußenseite angebracht werden. Meistens sind Gravuren in dem Geschäft, in dem ihr die Eheringe gekauft habt, sogar kostenlos.

Ein weiterer Trend ist es, sich innerhalb eines Kurses seinen eigenen Ehering beziehungsweise den des Partners selbst zu schmieden.
Dabei gibt es ganz verschiedene Kurse. In manchen fertigt ihr den Ring von A bis Z selbst. Oder aber ihr helft nur bei einzelnen Schritten wie dem Schliff oder der Gravur. Natürlich immer unter Anleitung eines erfahrenen Goldschmiedes. Ihr als Kunde werdet beim gesamten Prozess an die Hand genommen, sodass nichts schiefgehen kann.

# 9. Papeterie/Drucksachen

Die Papeterie, also alle für die Hochzeit gedruckten Sachen, sind zwar eher Details, aber dennoch wichtig für ein stimmiges Gesamtkonzept der Hochzeit. Schön ist es, wenn von den Save the Date-Karten bis hin zu den Danksagungen einem roten Faden gefolgt wird.

## 9.1 Karten gestalten

Wollt ihr die Einladungen und den Rest der Papeterie selbst anfertigen oder dies einem Profi überlassen?
Das hängt stark vom eigenen Können ab. Denn es kann recht schwierig werden, die Papeterie selbst zu gestalten, und es kann Stunden in Anspruch nehmen, bis ihr ein zufriedenstellendes Ergebnis habt.
Insbesondere dann, wenn ihr noch keine konkreten Vorstellungen habt, kann ein Profi helfen.
Auf unserer Seite findet ihr einen guten Anbieter zum Erstellen von Save the Date- und Einladungskarten. Hier könnt ihr aus verschiedenen Vorlagen auswählen und dann nach euren Wünschen personalisieren.

Hat einer von euch eine schöne Handschrift, könnt ihr alle Einladungskarten auch von Hand schreiben, jedoch nimmt das je nach Größe eurer Gesellschaft sehr viel Zeit in Anspruch.

Zumindest aber empfiehlt es sich, die Umschläge eigenhändig zu beschriften. Dies gibt eurer Einladung den nötigen persönlichen Touch.
Am besten nehmt ihr dazu einen Füller und schreibt in einer schönen Schrift den Namen und die Adresse auf das Kuvert.

Inzwischen gibt es auch die Möglichkeit, seine eigenen Briefmarken drucken zu lassen, was eine witzige Idee ist. Ab 29,95 Euro für 20 Briefmarken könnt ihr unter www.deutschepost.de eure eigenen Briefmarken gestalten. Nach zwei bis fünf Tagen könnt ihr dann eure persönlichen Briefmarken in euren Händen halten und damit die Einladungskarten frankieren.

Innerhalb von drei Monaten nach der Hochzeit kann z.B. die Dankeskarte auch mit individuellen Fotos von den Gästen vom Hochzeitstag bestückt werden.
Hier auf einheitliche Papeterie und Design achten, was zu Hochzeitsfotos passt.

## 9.2 Save the Date-Karten

Die sogenannte Save the Date-Karte wird lange vor der offiziellen Einladungskarte versendet, ohne näher auf die Details der Hochzeit einzugehen. Die Karte dient dazu, dass sich eure Gäste das Datum freihalten.
Hier sind im Wesentlichen nur der Hochzeitstag und die Info, dass die Eingeladenen sich den ganzen Tag freihalten sollen, vermerkt. Ebenfalls empfiehlt es sich, zu schreiben, dass der Eingeladene kurz Bescheid geben soll, dass er die Karte erhalten hat, damit ihr sicher seid, dass sie angekommen ist. Falls ihr schon einen Zeremonienmeister oder eine andere Anlaufstelle für die Gäste habt, könnt ihr hier auch schon die Kontaktdaten zu dieser Person vermerken.

Die Save the Date-Karten müssen nicht unbedingt in Papierform als Postkarte verschickt werden. Wenn auch diese Variante persönlicher und exklusiver wirkt, so könnt ihr, um die Umwelt zu schonen und den Aufwand gering zu halten, auch per WhatsApp oder E-Mail einladen.

Die Save the Date-Karten verschickt ihr optimalerweise schon ein Jahr vor der Hochzeit beziehungsweise so früh wie möglich. Dann könnt ihr sichergehen, dass keiner eurer Gäste bereits einen Urlaub geplant oder sogar schon gebucht hat und alle eure Gäste sollten in der Regel Zeit finden, um eurer Einladung zu folgen.

## 9.3 Einladungen

Die finale Einladungskarte dagegen sollte folgende Informationen beinhalten:

1. Name der Location und der Brautleute
2. Datum
3. Ort(e): Standesamt/Kirche sowie Location
4. Kleiner Zeitplan bzw. wann die Gäste wo eintreffen sollen

5. Wichtige Telefonnummern zu einer Kontaktperson für die Organisation von Reden, Spielen etc.
6. Dresscode (falls erwartet) – die meisten Gäste sind über einen vorgegebenen Dresscode dankbar. Strenge Kleiderordnungen wie „Black Tie" solltet ihr aber gut überlegen. Beispielsweise würde das für Frauen heißen, den ganzen Abend ein langes Kleid tragen zu müssen. Es wird auch immer Gäste geben, die den Dresscode nicht einhalten. Seid dann nicht sauer, sondern freut euch einfach, dass die Gäste überhaupt da sind.
8. Adresse einer Hochzeitshomepage, mit ausführlicheren Informationen (falls vorhanden). Einen tollen Anbieter findet ihr auf unserer Internetseite.
9. Informationen zu den Hochzeitgeschenken. Hier, wie in Kapitel 4.3, „Hochzeitsgeschenke" bereits erwähnt, bitte keine falsche Bescheidenheit walten lassen.

Für Zu- oder Absage solltet ihr den eingeladenen Gästen vier bis sechs Wochen Zeit geben. Dieser Zeitraum ist groß genug, dass sich eure Gäste Gedanken machen können und eventuell Termine umorganisieren. Aber auch eng genug, dass sie die Antwort nicht auf die lange Bank schieben und dann vergessen zu antworten.
Am einfachsten tragt ihr dann auf eurer Einladungstabelle ein, wer welche Rückmeldung gegeben hat. Nach Ablauf der Rückmeldefrist solltet ihr dann etwa eine Woche abwarten. Zu allen Eingeladenen, von denen ihr bis dahin noch keine Antwort erhalten habt, solltet ihr dann noch einmal persönlich Kontakt aufnehmen.

Wünscht ihr euch keine Spiele oder Brautentführung, dann könnt ihr dies ebenfalls schon mit auf die Einladungskarten schreiben und so deutlich machen.
Einige Spiele können unserer Erfahrung nach eine Hochzeit auflockern. Eine Brautentführung dagegen ist so gut wie immer unpassend und stört die Hochzeitsfeier empfindlich. Im Kapitel 8.6.1, „Beschäftigung für Erwachsene", sind wir genauer darauf eingegangen.
Auch wenn ihr keine Gastreden wünscht, könnt ihr das explizit schreiben. Manchmal ziehen lange Gastbeiträgen das Essen unnötig in die Länge.

Klärt hier am besten also schon in der Einladung ab, dass gegebenenfalls nur kurze Beiträge erwünscht sind. Ihr könntet es auch elegant formulieren, indem ihr schreibt, dass Gastbeiträge bei Person XY angemeldet werden sollen. Mit dieser Person könnt ihr dann vorher abklären, wie lange einzelne Beiträge und die Beiträge insgesamt dauern sollten. Die Person übernimmt dann das Management und strukturiert, wann welche Rede gehalten wird. So könnt ihr sichergehen, dass alles reibungslos funktioniert.

> Anekdote:
> Wir haben von einem befreundeten Locationbetreiber einmal erfahren, dass sieben Personen aus einer Hochzeitsgesellschaft Reden gehalten hatten. Die Reden dauerten alle um die zehn Minuten. Die Gäste mussten also hungrig über eine Stunde lang stillsitzen, während das Essen schon fertig war und darauf wartete, gegessen zu werden.

## 9.4 Das Programmheft

Bei jeder Art der Trauung sollte es ein kleines Programmheftchen geben, welches jeder Gast bekommt.
Dieses Heft kann auch bei einer rein standesamtlichen oder freien Trauung so gestaltet sein wie ein klassisches Kirchenheft.
Es sollte im Idealfall zu dem Rest der Papeterie passen und in einem einheitlichen Design gestaltet sein.

Ins Programmheft gehören folgende Dinge:

**Deckblatt**: Hier steht euer Name sowie euer Hochzeitsdatum. Außerdem sollte der Name eurer Location beziehungsweise der Ort, an dem ihr euch das Ja-Wort gebt, stehen.
Auch kann hier eine Silhouette von euch oder eurer Kirche gezeichnet sein oder ein anderes Sinnbild das Deckblatt schmücken.

Im **Innenteil** könnte auf den ersten beiden Seiten ein kurzer Zeitplan eurer Hochzeit stehen. Die Darstellungsform kann dabei entweder einfach untereinander oder in Form eines Zeitstrahls sein. Dabei sollten jeweils die Aktivität, die Uhrzeit und der Ort, an dem diese Aktivität stattfindet, stehen.

Auf den **weiteren Seiten** ist dann der Ablauf der Trauung genauer beschrieben. Falls es gemeinsam gesungene Lieder gibt, stehen hier die Texte. Genauso wie Gebetstexte. Auch eure Ehegelübde können hier Platz finden.

Möchtet ihr kein klassisches Programmheft haben, könnt ihr auch nur einen Zeitplan gestalten. Dann bietet sich ein laminierter Papierstreifen an, den eure Gäste hinterher als Lesezeichen verwenden können. Kreativ könnt ihr den Zeitplan auch auf einem Fächer gestalten.

## 9.5 Hochzeitswebsite

Eine Webseite ist eine tolle Möglichkeit, euren Gästen zahlreiche Informationen bereitzustellen. Anders als auf den Einladungen habt ihr hier unbegrenzt viel Platz. Informationen können fortlaufend ganz einfach geändert oder ergänzt werden.
Ihr könnt die Einladungskarten schlicht gestalten mit dem Vermerk, dass auf eurer Website weitere Informationen verfügbar sind.

Auf der Internetseite könnt ihr dann alle nützlichen Informationen zur Location, der Kirche, dem Standesamt, dem Zeitplan und willkommenen Geschenken unterbringen.

Wir haben sehr gute Erfahrungen mit dem Anbieter „Jimdo" gemacht. Hier könnt ihr euch sehr einfach eure eigene Seite gestalten. Unsere eigene Website basiert auch auf dem Baukastenprinzip von Jimdo. Wir nutzen eine bezahlte Version, da man so mehr Möglichkeiten hat. Für eine kleine Hochzeitsseite reicht aber schon die Gratisversion.
Einen Link findet ihr auf unserer Internetseite.

# 10. Wichtige Personen

Eure Hochzeit im Vorhinein zu organisieren und auch besonders am Tag zu koordinieren ist keine einfache Aufgabe. Deshalb ist es immer sinnvoll, einige Helfer zu haben.

## 10.1 Trauzeugen

Trauzeugen sind meist Personen, die man lange kennt und zu denen man ein enges Verhältnis hat. Das können Freunde oder Familienmitglieder sein.
In Deutschland haben die meisten Hochzeitspaare insgesamt zwei Personen als Trauzeugen. Der größte Teil der Standesämter erlaubt auch nicht mehr. In Kirchen ist es meist kein Problem, mehr als zwei Trauzeugen zu haben. Dies muss aber individuell geklärt werden. Bei einer freien Trauung ist es euch selbst überlassen, wie viele Trauzeugen ihr habt. Wollt ihr überhaupt keine Trauzeugen haben, ist das ebenso problemlos möglich.
Habt ihr mehrere Personen, die ihr gerne als Trauzeugen hättet, könnt ihr in Standesamt und Kirche jeweils verschiedene Trauzeugen einsetzen.

Ähnlich wie den Hochzeitsantrag könnt ihr auch die Frage nach dem Trauzeugen zelebrieren. Für die von euch gewählte Person ist es schließlich eine besondere Ehre. Ihr bringt damit zum Ausdruck, wie wichtig euch diese Person ist.
Seid ihr vielleicht eher ein zurückhaltender Mensch und findet in aufgeregten Situationen oft nicht die richtigen Worte, könnt ihr zu der Save the Date-Karte einen Brief beilegen. Darin fragt ihr, ob die betreffende Person euer Trauzeuge werden möchte. Verbindet dies damit, zu erklären, was euch an dieser Person wichtig ist und warum ihr gerade sie fragt.

Bitte seht eure Trauzeugen aber nicht als „Mädchen für alles" an, sondern vielmehr als emotionale Unterstützung, falls mal etwas zu überfordernd wird.
Eure Trauzeugen sollten euch da helfen, worin sie gut sind. Hat einer eurer Trauzeugen beispielsweise einen erstklassigen Geschmack, was Blumen angeht, bittet ihn, dass er zusammen mit euch zum Floristen kommt und dabei hilft, den passenden Blumenschmuck zu finden.

Ein Trauzeuge steht euch als Berater bei der Hochzeitsplanung und weniger als Organisator vor und während der Hochzeitsfeier zur Seite.
Natürlich gibt es aber auch Trauzeugen, die ausgesprochen gerne am Tag der Hochzeit selbst helfen. Dann zögert nicht, diese Hilfe anzunehmen. Nur solltet ihr die Trauzeugen nicht überfordern.

Symbolische Aufgaben wie das Aufbewahren der Eheringe oder das Fahren des Brautautos werden häufig ebenfalls von den Trauzeugen übernommen.
Es ist wichtig, im Vorhinein die am Hochzeitstag anfallenden Aufgaben abzustimmen.
Dazu könntet ihr auch einen weiteren Gast als Zeremonienmeister bestimmen oder einen Weddingplaner engagieren, der euch nur am Tag der Trauung dabei hilft, dass alles nach euren Vorstellungen abläuft. Zu den Zeremonienmeistern folgt gleich mehr.

Am Abend ist es erfreulich, wenn beide oder in Absprache nur einer der Trauzeugen eine kurze Rede hält.
Dabei sollte dann vor allem auf persönliche Dinge geachtet werden, was eben gerade diese Freundschaft besonders macht. Aber haltet es nicht für selbstverständlich, dass eure Trauzeugen von sich aus eine Rede vorbereiten. Oft sind Trauzeugen da etwas gehemmt.

Als Dresscode gilt für weibliche Trauzeugen das Gleiche wie für alle anderen weiblichen Gäste, nämlich, dass kein Weiß getragen werden sollte. Diese Farbe steht ausschließlich der Braut zu. Einzig die Blumenmädchen und andere kleine Gäste bilden da eine Ausnahme.

Der Anzug männlicher Trauzeugen sollte zu dem des Bräutigams passen und nicht einen kompletten Kontrast bilden. Auch hier gilt, dass der Trauzeuge in Sachen Eleganz nicht den Bräutigam übertreffen sollte. Trägt der Bräutigam am Revers beispielsweise eine Ansteckblume, so kann der Trauzeuge eine passende, kleinere Blume tragen.

## 10.2 Bridesmaids & Groomsmen

Aus den USA kommend hält in Deutschland der Trend zu Bridesmaids und Groomsmen immer weiter Einzug. Schon früher gab es in Deutschland

Brautjungfern und Brautführer. In der zweiten Hälfte des letzten Jahrhunderts ging diese Tradition allerdings etwas verloren.

Früher war es die Aufgabe der Brautjungfern, die Braut vor bösen Geistern zu schützen. Wollte ein Geist in die Braut einfahren, so hatte er nun mehrere schöne Frauen zur Auswahl und konnte sich nicht entscheiden. Der Brautführer dagegen hatte die weltliche Aufgabe, die Braut vor Plünderern zu schützen.

Heute haben sich die Aufgaben etwas gewandelt. So sind die Bridesmaids und Groomsmen vor allem für die Unterstützung am Hochzeitstag verantwortlich.

Sie übernehmen zuvor definierte, kleinere Aufgaben wie das Verteilen der Tagesabläufe und das Mitnehmen der Blumendeko von der Traulocation hin zur Partylocation.

Auf der Seite der Braut sind es in der Regel zwei bis sechs enge Freundinnen, während es bei dem Bräutigam die besten Freunde sind.

Elegant wirkt es, wenn alle Brautjungfern die gleichen oder ähnliche Kleider tragen. Zumindest aber die Farben sollten miteinander harmonieren. Dazu passen als Erkennungszeichen kleine Blumenhaarkränze, Armbänder oder Mini-Blumensträuße im Stil des Brautstrausses.

Unter den Herren ist es schön, wenn alle den gleichen Anzug tragen oder zumindest die gleichen Krawatten. Unter den Hemden könnten alle ein witziges Superhelden-T-Shirt anziehen.

## 10.3 Zeremonienmeister

Wie schon erwähnt, gehört es eher nicht zu den Aufgaben der Trauzeugen, am Hochzeitstag selbst viel zu organisieren.

Dafür gibt es die Rolle des Zeremonienmeisters, der manchmal auch Brautführer genannt wird.

In verschiedenen Kulturen, wie beispielsweise in Russland, hat diese Person eine lange Tradition. Hier wird sie Tamada genannt und kann sowohl weiblich als auch männlich sein.

Der Zeremonienmeister ist eine Art Moderator, der durch den gesamten Hochzeitstag führt. Wobei auch mehrere Gäste sich die Aufgaben des Zeremonienmeisters teilen können.

Der oder diejenigen sollten kommunikativ sein und Durchsetzungsvermögen haben. Wenn ihr jemanden in eurem engsten Freundes- oder Verwandtenkreis habt, dem ihr diese Rolle zutraut – wunderbar. So bekommt die Moderation sicher eine persönliche Note.

Natürlich gibt es aber gleichfalls professionelle Zeremonienmeister. Bei google findet man sie unter den Begriffen „Zeremonienmeister" und „Hochzeitsmoderator". Ebenfalls bieten Weddingplaner häufig an, durch den Hochzeitstag zu führen, ohne dass ihr bei ihnen das (deutlich teurere) Gesamtpaket buchen müsstet.

Ein guter Zeremonienmeister garantiert einen reibungslosen Ablauf des Tages und sorgt dafür, dass alles so wird, wie es geplant wurde. Er koordiniert die Einhaltung des Zeitplans und gibt den Gästen immer die nötigen Infos, was als Nächstes passiert.
Neben der Koordinierung des Tagesablaufs trägt der Hochzeitsmoderator dafür Sorge, dass Gastbeiträge und Hochzeitspiele in eine sinnvolle Reihenfolge gebracht werden.

Ein guter Zeremonienmeister steht aber auch schon vorher für Fragen der Gäste zum Ablauf des Tages zur Verfügung. Er sollte mit dem Tagesablauf bis ins Detail vertraut sein.
Dazu könnt ihr die E-Mail-Adresse oder Telefonnummer des Hochzeitsmoderators schon auf den Einladungen vermerken.

Mit dem Moderator besprecht ihr vorher, ob bestimmte Spiele und Gastbeiträge per se nicht erwünscht sind. So müsst ihr nicht darum bangen, dass euch am Hochzeitstag etwas Ungewolltes überrascht, ohne dass ihr exakt wisst, was genau kommt. Denn ein bisschen überrascht zu werden ist schließlich reizvoll.
Auch um auszuschließen, dass verschiedene Gäste dasselbe planen, ist eine zentrale Koordinierungsstelle der Gastbeiträge sinnvoll.
Dabei sollte der Zeremonienmeister unpassende Beiträge herausfiltern und die Gäste immer fragen, wie viel Zeit eingeplant werden sollte. Eine wichtige Frage ist in diesem Kontext, was der Beitrag mit euch zu tun hat und inwieweit er zu euch passt.

Manchmal führt der Hochzeitsmoderator Spiele und andere Beiträge auch selbst durch und fungiert so als Komplettpaket.

Es ist wichtig, dass der Moderator sich mit den Verantwortlichen der Location eng abstimmt und keine Alleingänge macht. Er sollte ein Teamplayer sein.

> Anekdote:
> Einmal haben wir einen Moderator erlebt, der sehr von sich überzeugt war und quasi alles in Alleinregie machte. Plötzlich kündigte er ohne jegliche Absprache mit uns oder dem Brautpaar die Hochzeitstorte an. Jedoch war diese zu dem Zeitpunkt noch gar nicht geliefert worden, was natürlich für Verwirrung sorgte.

# 11. Junggesellenabschied

Der Junggesellen- und Junggesellinnenabschied ist wohl so ziemlich der einzige Bereich im Themenkomplex Hochzeit, bei dem ihr entspannt die Füße hochlegen könnt und selbst nichts organisieren müsst. Die Arbeit haben hier die anderen.
Die Planung des Junggesellenabschieds übernehmen in der Regel die Trauzeugen. Natürlich mit Hilfe der anderen Freunde. Habt ihr einen Freundeskreis, der sich noch nicht kennt, weil ihr beispielsweise in einer anderen Stadt studiert habt? Seid ihr euch nicht sicher, ob eure Trauzeugen an alle Personen denken oder überhaupt erreichen können, ist es kein Problem, das anzusprechen. Ihr könnt euren Trauzeugen dann sagen, dass euch bestimmte Personen wichtig sind und ihr sie gerne beim Junggesellenabschied dabeihaben würdet.
Auch könnt ihr als Partner dem Trauzeugen des jeweils anderen diese Information zukommen lassen.

Der Junggesellenabschied dient dazu, noch einmal mit den Freunden so richtig zu feiern.
In den letzten Jahren ist zu beobachten, dass Junggesellenabschiede immer aufwendiger zelebriert werden. Oft geht man nicht mehr nur in ein, zwei Kneipen, sondern es werden ganze Tagestouren mit verschiedenen Programmpunkten absolviert. Sogar eine Auslandstour über mehrere Tage haben wir in unserem Freundeskreis schon erlebt. Solche sehr ausgedehnten Abschiede sind aber in Deutschland die absolute Ausnahme.

Generell solltet ihr mit allem rechnen. Wenn euch etwas allerdings wirklich nicht passt, wie der Besuch eines Striplokals oder das Anziehen eines peinlichen Outfits, dann sollte ein klares „Nein" von euren Freunden akzeptiert werden. Macht nichts, was ihr hinterher bereut!

Eigentlich habt ihr kein Mitspracherecht, an welchem Tag der Junggesellenabschied stattfindet und eure Freunde werden versuchen, euch zu überraschen.
Bittet aber darum, dass der Junggesellenabschied nicht unmittelbar ein oder zwei Wochen vor der Hochzeit stattfindet. So könnt ihr euch ungestörter fallen- und auf den Junggesellenabschied einlassen, ohne die ganze Zeit die bevorstehende Hochzeit im Hinterkopf zu haben.

## 12. Polterabend

In den letzten Jahren zwar etwas in Vergessenheit geraten, aber dennoch von vielen durchgeführt, ist der Polterabend.
Traditionell wird am Tag direkt vor der Hochzeit der Polterabend gefeiert. Davon raten wir euch jedoch ab. Um etwas entspannter die Hochzeit zu feiern, solltet ihr den Polterabend mindestens eine Woche vor der Hochzeit veranstalten.

Der Tradition nach wird nicht zum Polterabend eingeladen – es kommt einfach, wer Lust hat.
Da die meisten von uns jedoch nicht mehr in kleinen Dorfgemeinschaften leben, in welchen sich alles schnell herumspricht, raten wir davon ab, die Party zu veranstalten, ohne darüber zu informieren. Schickt euren Freunden und Bekannten eine simple WhatsApp-Nachricht oder eine Einladung per E-Mail, um auf eure Feier aufmerksam zu machen.

Oftmals findet der Polterabend zu Hause beziehungsweise im Heimathaus der Brauteltern statt. Feiert ihr so und nicht in einer externen Lokation, empfiehlt es sich unbedingt, einen Toilettenwagen zu bestellen. Denn oft kommen zum Polterabend mehr Leute als zur eigentlichen Hochzeit und Gesellschaften von mehreren hundert Personen sind keine Seltenheit. Ihr habt die Möglichkeit, auch Personen, die den Rahmen eurer Hochzeitsgesellschaft gesprengt hätten, einzuladen.
Ihr müsst, inklusive Reinigung, mit zirka 400 bis 600 Euro an Kosten für einen vernünftigen Wagen rechnen. Es gibt jedoch auch günstigere Exemplare.

Solltet ihr zu Hause feiern, müsst ihr auch eine Schlechtwetteroption in der Hinterhand haben. Es empfehlen sich dazu einfache Zelte oder Pavillons. Habt ihr in eurem Bekanntenkreis niemanden, der ein großes Zelt besitzt, werden Zelte oftmals von Getränkemärkten zur Miete angeboten.
Obwohl der Polterabend klassisch eher eine lockere Stehveranstaltung ist, solltet ihr insbesondere für eure älteren Gäste Sitzmöglichkeiten bereitstellen. Sitzgarnituren und Stehtische bekommt ihr ebenfalls in den meisten Getränkemärkten.

Selbstverständlich müssen eure Gäste kulinarisch versorgt werden. Dabei müsst ihr jedoch keinen allzu großen Aufwand betreiben, sondern könnt es ruhigen Gewissens rustikal halten.

Als Sinnbild für Fruchtbarkeit gilt in vielen Regionen eine deftige Hühnersuppe. Aber auch Siedewürstchen, Kartoffelsalat und Brot mit verschiedenen Dips sind gut geeignet.
Regionale Klassiker sind oftmals nicht allzu schwer zuzubereiten und ebenfalls perfekt als Essen geeignet.
Als süße Alternative kann (selbstgemachter) Blechkuchen dienen.

Bestellt die Getränke bei eurem Getränkemarkt auf Kommission. So habt ihr kein Risiko, dass zuviel übrig bleibt. Um die Getränke zu kühlen, könnt ihr direkt Kühlschränke mitbestellen. Alternativ kühlt ihr die Getränke in einer großen Wanne mit Eis.
Bier, Wasser und Limonaden reichen vollkommen aus. Ihr müsst keinen teuren Wein, Sekt oder Schnaps servieren. Das erwartet bei solch einer Feier keiner.

Das Wichtigste ist, dass ihr euch nicht zu viel Arbeit macht. Das Hauptaugenmerk sollte schließlich auf der Hochzeit selbst liegen.

Und was wäre ein Polterabend schließlich ohne das dazugehörende Zerschlagen von Gegenständen.
Neben Porzellan werden Blumentöpfe und Keramikartikel, wie Fliesen oder ganze Waschbecken und Toilettenschüsseln zerschlagen.
Die Wurfgegenstände werden von den Gästen selbst mitgebracht. Für die Entsorgung dagegen seid ihr verantwortlich.
Bei einer entsprechend großen Gesellschaft benötigt ihr einen Container. Diesen lohnt es sich schon vorher zu bestellen, damit die Scherben nicht zu lange auf der Straße liegen.
Inklusive Anlieferung sowie Abholung kostet ein Container für reines Poltergut ab 70 Euro. Mischcontainer fangen, je nach Müllmenge, bei etwa 90 Euro an.
Habt ihr oder jemand, den ihr kennt, einen Anhänger, kann das Poltergut natürlich auch selbst weggefahren werden. Manche Wertstoffhöfe nehmen Poltergut kostenlos entgegen.

Vermutlich werdet ihr einige Geldgeschenke bekommen. Dafür reicht es, wenn ihr gut sichtbar ein großes Sparschwein aufstellt. Am Abend sollte eine vertraute Person immer mal wieder das Sparschwein ausleeren und das Geld in ein abgeschlossenes Zimmer bringen.

## 13. Tischplan

Von Location zu Location ist die Raumaufteilung und damit auch die mögliche Tischordnung sehr unterschiedlich. Weshalb wir an dieser Stelle nur sehr schwer Tipps dafür geben können. Schon bei der ersten Besichtigung sollte euch der Location-Manager allerdings Vorschläge und ein paar unterschiedliche Varianten, wie die Tische aufgestellt werden können, aufzeigen.
Wir persönlich empfehlen immer runde Tische anstatt einer langen Tafel. Denn an runden Tischen entsteht schnell eine kommunikative Atmosphäre, auch wenn sich noch nicht alle an einem Tisch kennen. An einem runden Tisch können sich alle Personen anschauen und so entstehen schnell Gesprächsrunden, in denen sich keiner ausgeschlossen fühlt. An langen Tafeln dagegen kann es dazu kommen, dass sich manche Leute nur mit ihrem direkten Tischnachbarn oder Gegenüber unterhalten und so einzelne Gäste außen vor sind.

Den genauen Sitzplan solltet ihr erst etwa einen Monat bis zwei Wochen vor der Hochzeit festlegen, da sich ansonsten durch Absagen von Hochzeitsgästen noch zu viel ändert und ihr es so mit Korrekturen des Sitzplans zu schwer habt.
Mitunter kann die Erstellung des Sitzplanes ein heikles Unterfangen sein. Denn es ist nicht einfach, aus einer Mischung von Verwandtschaft und Freunden im Alter von 3 bis 90 Jahren eine stimmige Hochzeitsgesellschaft zusammenzustellen.
Wichtig ist, dass ihr als Paar gemeinsam entscheidet, wie der finale Sitzplan aussehen soll, damit sich keiner von euch beiden bei der Berücksichtigung seiner Familie benachteiligt fühlt.

Am einfachsten ist es, sich den Tischplan der Location auszudrucken oder aufzumalen und dann mit Papierschnipseln die Gäste an die Tische zu setzen. So könnt ihr unterschiedliche Konstellationen durchspielen und die verschiedenen Namenszettel immer wieder verschieben.

Damit eure Gäste auch alle ihre Plätze finden, bietet es sich an, einen Aufsteller mit einem Sitzplan gut sichtbar vor dem Hauptraum aufzustellen. Am besten geeignet ist dazu eine Stelle, an der alle Leute vorbeikommen. So gibt es im Speisesaal selbst kein Durcheinander.
Dazu bietet es sich sehr gut an, eine Staffelei aufzustellen.
Fragt unbedingt bei eurer Location oder eurem Floristen nach, bevor ihr euch selbst eine zulegt. Gegen eine geringe Gebühr kann sie oft gemietet werden.

Die Gäste müssen nicht unbedingt einen festen Platz am Tisch haben. An einem üblichen runden Tisch von sechs bis zwölf Personen können sich die Gäste auch gut selbst organisieren und brauchen keine festen Sitzkärtchen. Dies bietet auch den Vorteil, dass sich keiner benachteiligt fühlt, weil er vielleicht so von euch an den Tisch gesetzt wurde, dass er das Brautpaar nicht sieht.

## 13.1 Wer sollte wo sitzen?

Zuallererst sollte kein Gast hinter das Brautpaar gesetzt werden. Einem Aberglauben nach bringt dies Unglück.

Die Braut sitzt in der Regel zur Rechten des Bräutigams.
Am Brauttisch selbst sitzen traditionell eure Eltern und Großeltern. Dabei sitzt neben dem Bräutigam die Brautmutter, und neben der Braut der Bräutigamsvater. Daneben dann alle weiteren Personen. Immer abwechselnd Mann und Frau. Aber auch Trauzeugen, Geschwister und andere Menschen, die euch in eurem Leben besonders wichtig sind, könnt ihr mit an euren Brauttisch setzen.
Selbstverständlich könnt ihr von dieser klassischen Sitzordnung abweichen. Wir erleben es häufig, dass am Tisch des Brautpaares eher die Trauzeugen und engsten Freunde sitzen.
Die Familie sitzt dann an einem benachbarten Tisch.

Personen, die euch wichtig sind und zu denen ihr eine enge Bindung habt, die aber nicht am Brauttisch sitzen können, solltet ihr so setzen, dass ihr Blickkontakt zu ihnen habt.
Je nach den Gegebenheiten vor Ort ist es möglich, Arbeitskollegen, Bekannte, Nachbarn und nicht allzu enge Freunde problemlos weiter von euch weg oder gar in einen Nachbarraum zu setzen. Besonders mit den gleichaltrigen Bekannten und Freunden wird man im Laufe des Abends noch zusammen feiern und bekommt genügend Gelegenheiten, das eine oder andere Wort auszutauschen.

Eine Grundregel ist es, Paare und beste Freunde stets an denselben Tisch zu setzen, sodass diese nicht voneinander getrennt werden. Ebenfalls ist es zu vermeiden, einzelne Personen an einen Tisch mit einer Gruppe zu setzten, in der sich die anderen schon lange kennen. Denn derjenige würde es vermutlich schwer haben, sich in die Gruppe zu integrieren.

Singletische sind zwar recht häufig anzutreffen, jedoch raten wir davon ab. Besser ist es, Leute mit gemeinsamen Interessen und Hobbys, ähnlichen Berufsfeldern, oder aber einem vergleichbaren Alter zusammensetzen. So entstehen schnell Gespräche, in die sich alle am Tisch einklinken können, und keiner bleibt außen vor.

Ältere Gäste sollten wenn möglich ein bisschen weiter weg von der Beschallung gesetzt werden, besonders wenn ihr das Essen und die anschließende Party in einem Raum habt. Denn häufig können eure älteren Gäste nicht mehr so gut hören und zu laute Musik erschwert es ihnen zusätzlich, ihre Gesprächspartner ordentlich zu verstehen. Als Zeichen der Wertschätzung sollten sie aber auch in der Nähe des Brautpaares und nicht in die letzte Ecke gesetzt werden. Es gilt eben einen guten Mittelweg zu finden. Um diesen zu finden ist es wichtig, die Gegebenheiten vor Ort zu beachten.

## 14. Gastgeschenke

Jetzt, wo wir bei euren Gästen sind, kommen wir auch direkt zu den Gastgeschenken. Ein Gastgeschenk ist kein Muss, aber eine nette Geste. Jedoch solltet ihr nicht zu viel Zeit und Geld investieren. Es geht mehr um den Gedanken dahinter.

Ihr habt zwei Möglichkeiten, wie ihr das Gastgeschenk übergebt. Meistens wird es jedem Gast an seinen Platz gelegt. So könnt ihr sichergehen, dass definitiv jeder der Gäste sein Geschenk auch erhält. Passen die Gastgeschenke aber nicht zu eurem Dekorationskonzept, könnt ihr sie auch bei der Verabschiedung persönlich an jeden Gast überreichen.
Dann ist es ratsam, die Gastgeschenke griffbereit am Ausgang zu platzieren.
Ein Beispiel für nicht passende Gastgeschenke wäre eine rote Erdbeermarmelade, wenn die Tischdekoration grün ist. Die Farben würden nicht miteinander harmonieren.

Sind die Gastgeschenke personalisiert, könnt ihr euch das Namenskärtchen praktischerweise sparen. So kann man etwa ein mit Namen personalisiertes Weinglas als Gastgeschenk verwenden.

Essbare Gastgeschenke kommen immer erstklassig an und jeder hat Verwendung dafür.
Beispiel hierfür sind die klassischen Hochzeitsmandeln. Dabei liegen fünf kleine, glasierte Mandeln in einem Säckchen. Jede Mandel steht für einen der Wünsche Glück, Gesundheit, ein langes Leben, Wohlstand und Kindersegen.
Ebenso sind (selbstgemachte) Marmelade, Honig, Schokolade und Pralinen eine tolle Alternative.
Auch eine selbstgemischte Teemischung ist als kreatives Gastgeschenk super geeignet.
Manche Brautpaare verschenken auch Öl und Essig, was für das Männliche und das Weibliche steht.

Zwar nicht zum Essen, aber dennoch ein echter Hingucker ist selbstgemachte Seife. Das ist gar nicht so aufwendig, wie man vermuten könnte. Dabei raspelt man Kernseife und versetzt sie anschließend mit weiteren Zutaten, Aromen und Farbstoffen. Die Seife kann dann in eine zuvor bestellte Form mit eurem

Hochzeitslogo gepresst werden. Oder aber ihr erstellt kleine Blöcke, in die ihr dann die Namen oder Initialen eurer Gäste einritzt.

Weil die Seife mit jeder Farbe versetzt werden kann, ist sie wunderbar an eure restliche Tischdeko und euer Farbkonzept anpassbar.

Als Gastgeschenke eignen sich, insbesondere wenn ein Großteil eurer Hochzeitsgesellschaft nicht aus eurer Gegend kommt, regionale Produkte ebenso gut.

> Beispiel:
> Bei einer Hochzeit verschenkte das Brautpaar kleine Honigtöpfchen. Der Honig wurde von einem Bekannten des Brautpaares hergestellt, was eine persönliche Note in das Geschenk brachte.

Zu den Gastgeschenken könnt ihr auch gleich jeweils eine Aspirin dazulegen. Aber bitte nur, wenn auf der Hochzeit keine kleinen Kinder anwesend sein werden, die das Aspirin mit einer Süßigkeit verwechseln könnten. Schlafen viele eurer Gäste im Hotel, könntet ihr auch schon für jeden Gast eine kleine Flasche Wasser und eine Aspirintablette ins Zimmer legen lassen.

Bei besonderen Gästen könnt ihr zum Gastgeschenk einen persönlichen Brief dazulegen. In diesem bedankt ihr euch oder schreibt, wie wichtig es euch war, dass diese Person zu eurer Hochzeit gekommen ist.

# 15. Die verschiedenen Trauformen

In Deutschland habt ihr verschiedene Möglichkeiten zu heiraten. Neben der Hochzeit auf dem Standesamt könnt ihr klassischerweise zusätzlich kirchlich heiraten. Es besteht aber auch die Möglichkeit, eine freie Trauung von einem freien Redner oder freien Theologen durchführen zu lassen. Auf alle drei Trauformen werden wir in diesem Kapitel näher eingehen.
Die standesamtliche und die eher symbolische Trauung können dabei entweder an einem oder an verschiedenen Tagen durchgeführt werden.
Wollt ihr beides am gleichen Tag haben, bietet es sich an, die standesamtliche Trauung am Vormittag im engsten Kreis abzuhalten und anschließend gemeinsam eine Kleinigkeit essen zu gehen. Wenn die symbolische Trauung erst am Nachmittag stattfindet, könnten auch noch mal alle Gäste zum Ausruhen ins Hotel beziehungsweise nach Hause fahren.
Wenn es euch zeitlich an einem Tag zu viel ist, kann die standesamtliche Trauung entweder ein paar Tage oder genau eine Woche vorher erfolgen. Auch eine Möglichkeit ist es, die standesamtliche Trauung genau sechs Monate vorher abzuhalten. So habt ihr quasi alle sechs Monate einen Hochzeitstag.

## 15.1 Standesamt

Erst die standesamtliche Trauung gilt in Deutschland als rechtlich bindend und muss von einem dazu beauftragten Standesbeamten vollzogen werden.

Standesämter sind vom Gesetzgeber dazu angehalten, feste Termine erst sechs Monate vor der Trauung zu vergeben. Manche Standesämter bieten an, sich online schon einen Trautermin zu reservieren. Sollte das in eurem Standesamt so sein, nehmt die Möglichkeit unbedingt war, um euch euren Lieblingstermin zu blocken. Über die genaue Vergabe der Termine informiert ihr euch am einfachsten im Onlineauftritt eures Standesamtes. Falls euch dort nicht alles ersichtlich wird, zögert nicht, auf dem Standesamt anzurufen.

Der Zeitraum der Reservierung ist gemessen daran, wann man seine gewünschte Location und seine Dienstleister buchen sollte, recht kurz.

Wollt ihr wirklich sichergehen, dass ihr einen Termin am gewünschten Tag zur gewünschten Uhrzeit bekommt, ruft ihr am besten im Standesamt an oder geht sogar persönlich vorbei.

Oft kann man sich mit freundlicher Art Termine vormerken lassen oder aber darum bitten, dass ihr, sobald eine Reservierung möglich ist, angerufen werdet.

Ist dies absolut nicht möglich, so stellt euch beide einen Termin im Handy ein, für den Tag, ab dem die Reservierung möglich ist, und ruft morgens im Standesamt an. So sollte es sicher sein, dass keiner vor euch den Termin blocken kann.

> Info:
> In manchen Standesämtern erfolgt eine genaue Terminvergabe nur persönlich. In Ballungszentren kommt es deshalb sogar vor, dass Paare vor den Standesämtern übernachten, um sich genau sechs Monate vorher ihren Wunschtermin reservieren zu können.

Die standesamtliche Trauung kostet in der Regel insgesamt zwischen 60 € und 120 €.

Die Anmeldung der Eheschließung liegt bei etwa 30 bis 60 €. Euer neues Stammbuch kostet ungefähr 15 € bis 30 €. Für die Ehe- und Geburtsurkunden müsst ihr ebenfalls mit 15 € bis 30 € rechnen.

## 15.1.1 Anmeldung der Eheschließung

Vor der Trauung werdet ihr im Standesamt mindestens ein Vorgespräch zur Anmeldung der Eheschließung haben. In der Regel auch direkt mit dem Beamten, der euch dann später trauen wird.

Dazu vereinbart ihr einen Termin zur Eheanmeldung im Standesamt eures Hauptwohnsitzes. Selbst wenn ihr später in einem anderen Standesamt heiratet, ist dies notwendig. Hier wird man euer Anliegen aufnehmen und dann an das Wunschstandesamt weiterleiten. Weil zwei Standesämter involviert sind, ist es ratsam, vorher schon zu dem Wunschstandesamt Kontakt aufzunehmen, um euer Wunschdatum zu blocken.

Habt ihr den Termin zur Eheanmeldung vereinbart, müsst ihr diesen wahrnehmen. Ansonsten verfällt eure Vormerkung. Es ist wichtig, dass ihr gemeinsam auf dem Standesamt erscheint.

Nur in absoluten Ausnahmefällen ist es möglich, dass ein Partner mit einer detaillierten Vollmacht die Ehe alleine anmeldet. Der zweite Partner muss dann aber später noch einmal zum Standesamt und dies bestätigen. Solch ein Fall kann etwa vorliegen, wenn einer von euch für längere Zeit beruflich im Ausland ist oder körperlich stark eingeschränkt ist.
Ein Muster für solch eine Vollmacht könnt ihr euch im Downloadbereich auf unserer Internetseite herunterladen. Die Vollmacht muss unbedingt handschriftlich unterzeichnet werden.

Der erste Schritt zur standesamtlichen Trauung ist nun erledigt. Ihr habt den Termin zur Anmeldung der Eheschließung. Folgende Unterlagen müssen zu diesem Termin mitgenommen werden, falls bei euch kein „besonderer" Fall vorliegt:

– jeweils ein Personalausweis oder Reisepass
– jeweils eine beglaubigte Abschrift aus dem Geburtenregister. Diese darf nicht älter als sechs Monate sein. Ihr erhaltet sie im Standesamt eures Geburtsorts. In vielen Städten und Gemeinden kann sie auch online beantragt werden. Eine einfache Geburtsurkunde reicht nicht aus.

Diese Sonderfälle gibt es:

**Ihr möchtet einen gemeinsamen Nachnamen tragen und zeitnah in die Flitterwochen:**
Ein bzw. zwei biometrische Passfotos sind notwendig. Dann bekommt ihr schon am Tag der Eheschließung eure neuen Ausweisdokumente, mit denen ihr verreisen könnt.

**Ihr habt unterschiedliche Wohnorte:**
Eine erweiterte Meldebescheinigung mit Angabe zum Familienstand ist vorzulegen. Es spielt keine Rolle, ob ihr deutscher Staatsbürger seid oder nicht. Wichtig ist, dass diese erweiterte Meldebescheinigung ausdrücklich zum Zweck der Eheschließung erstellt wird. Ihr bekommt sie in dem Einwohnermeldeamt, in dem ihr mit Hauptwohnsitz gemeldet seid. Diese Meldebescheinigung darf in der Regel nicht älter als 10 Tage sein.

**Ihr habt schon (gemeinsame) Kinder:**
Die Geburtsurkunde(n) der Kinder wird/werden benötigt. Diese bekommt ihr im Standesamt, in dem die Kinder eingetragen wurden.

**Ihr wart bereits einmal verheiratet:**
Eine beglaubigte Kopie des Eheregisters, aus der ersichtlich ist, dass ihr geschieden seid, ist notwendig. Den Auszug bekommt ihr in dem Standesamt, in dem ihr euch mit eurem Expartner habt trauen lassen.
Ist die Ehe erst vor Kurzem aufgelöst worden, sodass die Auflösung noch nicht im Eheregister eingetragen wurde? Dann reicht neben der Ablichtung des Eheregisters oder Partnerschaftsregisters auch das Scheidungsurteil mit Rechtskraftvermerk aus.
Ist euer früherer Partner verstorben, ist die Sterbeurkunde mitzubringen.

**Ihr wurdet im Ausland geboren:**
Eine Geburtsurkunde mit Elternangabe wird benötigt. Die Geburtsurkunde erhaltet ihr bei der Behörde, bei der die Geburt registriert wurde. Die Urkunde muss durch einen Dolmetscher oder einen Übersetzer übersetzt werden. Diese müssen in Deutschland öffentlich bestellt oder beeidigt sein. Sollte die Urkunde nicht in lateinischen Buchstaben verfasst sein, ist eine Transliteration nach ISO-Norm notwendig. Eine Übersetzung ist nicht notwendig, wenn ihr eine internationale Urkunde vorlegt, die auch in Deutsch verfasst ist. Auch die Übersetzungen müssen im Original vorgelegt werden.

**Ihr habt euren Namen durch eine Namensänderung geändert:**
Die Vorlage der Namensänderungsurkunde ist erforderlich.

**Andere Sonderfälle:**
In folgenden Fällen solltet ihr in jedem Fall vor der Anmeldung zur Eheschließung im Standesamt anrufen und fragen, welche Unterlagen zusätzlich benötigt werden. Da alle Unterlagen übersetzt und beglaubigt werden müssen, lohnt es sich, besonders früh nachzufragen:

- ein Partner ist ausländischer Staatsbürger
- ihr wurdet im Ausland geschieden
- ihr habt im Ausland geborene Kinder
- ihr seid Spätaussiedler oder Vertriebene
- ihr wurdet adoptiert.

## 15.1.2 Trauung

Die Trauung durch den Standesbeamten dauert in der Regel nur etwa 15-20 Minuten, ist also schon recht schnell wieder vorbei.

Wenn es keine zusätzliche kirchliche oder freie Trauung gibt, dann kann die standesamtliche Trauung auch etwas mehr als gewöhnlich zelebriert werden. Das funktioniert allerdings nur, wenn der Standesbeamte dazu bereit ist. Aller Wahrscheinlichkeit nach setzt euer Standesbeamte eure Wünsche aber sehr gerne mit um. Die meisten freuen sich, wenn sie Abweichungen vom Standardablauf umsetzen dürfen. Natürlich ist der Standesbeamte aber daran gebunden, die Trauung nicht zu ausladend zu gestalten, wenn kurz nach eurer Trauung eine weitere Vermählung stattfindet.

Mögliche kleinere Rituale wären hier:

- das Entzünden einer Hochzeitskerze
- persönliche Worte des Standesbeamten, beispielsweise zu eurer Kennenlerngeschichte
- ein von euch vorgetragenes Ehegelübde.

Im Kapitel 15.3.4 „Hochzeitsrituale" gibt es zu den verschiedenen Ritualen genauere Informationen.

Heiratet ihr zusätzlich kirchlich oder frei? Dann könnt ihr den Standesbeamten vorher informieren, dass kein Ringwechsel stattfinden soll, wenn ihr euch diesen Augenblick für die symbolisch wichtigere Trauung aufheben wollt.

Wollt ihr vor oder direkt nach dem Standesamt einen kleinen Umtrunk, so müsst ihr zuvor unbedingt abklären, ob und wo dieser stattfinden darf. Dazu ist es auch ratsam, zu wissen, wann nach euch die nächste Trauung stattfinden wird, damit ihr euch nicht mit der nächsten Hochzeitsgesellschaft in die Quere kommt. Dabei ist auch wichtig, ob Musik abgespielt werden darf, eine Anlage vielleicht sogar vorhanden ist und – falls gewünscht – ob vielleicht sogar Livemusik vor Ort gestattet ist.
Eine musikalische Untermalung ist in jedem Fall wünschenswert, da Musik die Stimmung auflockert.

Um pünktlich zum Standesamt und danach auch wieder wegzukommen, solltet ihr unbedingt auf den Verkehr zu der Tageszeit, in der ihr heiratet, achten. Fragt euren Standesbeamten, wie hoch das Verkehrsaufkommen in der Regel ist.

### 15.1.3 Ambientetrauungen

Vielen Standesämter bieten neben der Eheschließung im Standesamt an, in einer Außenstelle zu heiraten. Diese Außenstellen werden in der Fachsprache „Ambientetrauorte" genannt.

Informationen zu diesen besonderen Orten erhaltet ihr meistens ebenfalls auf der Internetseite des Standesamtes. Sollte dies nicht der Fall sein, fragt am besten beim Standesbeamten selbst nach. Er wird euch sicher gerne beraten.

Weil es für den Standesbeamten natürlich mit einem zusätzlichen Aufwand verbunden ist, zu der Außenstelle zu kommen, fallen häufig Zusatzkosten an. Diese schwanken zwischen 50 und 400 Euro.

In seltenen Fällen ist es sogar möglich, dass ihr in eurer Hochzeitslocation selbst getraut werdet. Dies wäre natürlich eine besonders bequeme Variante, da sich dann nach der Trauung die gesamte Hochzeitsgesellschaft nicht noch mal an einen anderen Ort begeben muss. Leider ist dies aber in den wenigsten Städten und Gemeinden möglich.

Schön wäre dann eine Trauung im Freien auf dem Außengelände eurer Location. Jedoch solltet ihr in jedem Fall sicher sein, dass es eine Schlechtwetteralternative gibt. Denn glaubt uns: Zu wissen, dass man nicht unbedingt auf gutes Wetter angewiesen ist, nimmt unglaublich viel Druck.

### 15.1.4 Rechte und Pflichten

Die standesamtliche Trauung bringt Rechte und Pflichten mit sich, was euch bewusst sein sollte. Da wir keine Anwälte oder Steuerberater sind, sind die folgenden Informationen nur dazu bestimmt, euch eine erste Idee zu geben. Sie ersetzen keinesfalls eine rechtliche Beratung. Bleiben offene Fragen, empfehlen wir euch dringlichst, einen Notar oder einen Fachanwalt für Familienrecht beziehungsweise einen Steuerberater aufzusuchen.

## 15.1.4.1 Steuerliche Vorteile

Steuerlich bringt eine Ehe in Deutschland in den meisten Fällen Vorteile mit sich. In Österreich gibt es keine Vorteile. Und in der Schweiz teils sogar Nachteile.

Kurz zu den Vorteilen, die aus finanzieller Sicht eine Ehe in Deutschland haben kann. Insbesondere, wenn ein oder mehrere der folgenden Punkte auf euch zutreffen, wird eine Hochzeit vermutlich auch aus finanzieller Sicht für euch positive Folgen haben:

**1. Ihr plant Kinder**
Die Höhe des Elterngeldes richtet sich nach dem zuletzt erhaltenen Nettogehalt. Wählt ihr nach der Hochzeit für den Partner, der zu Hause bleiben soll, die richtige Steuerklasse, erhöht ihr so dessen Nettogehalt. In der Folge erhöht sich auch das Elterngeld. Der Wechsel in eine andere Steuerklasse muss aber spätestens sieben Monate vor Geburt des Kindes erfolgen.

**2. Eure Einkommen haben einen großen Unterschied**
Je größer der Einkommensunterschied ist, umso mehr Steuern spart ihr durch das sogenannte Ehegattensplitting. Dazu müsst ihr eine gemeinsame Steuererklärung abgeben, bei der ihr die sogenannte Zusammenveranlagung wählt.
Das Finanzamt addiert dann eure Einkommen, teilt sie anschließend durch zwei und berechnet darauf die Einkommensteuer.
Dieser Betrag wird dann verdoppelt und ergibt eure gemeinsame Einkommensteuerlast.
Das hört sich im ersten Moment vielleicht komplizierter an, als es ist.
Wir haben euch dazu auf unserer Internetseite ein kurzes Erklärvideo verlinkt. Ebenfalls findet ihr dort einen Link zum offiziellen Einkommensteuerrechner des Finanzamts. Mit diesem könnt ihr eure Situation einmal durchrechnen.
Neben dem Splittingvorteil gibt es noch den Vorteil, dass ihr eine andere Steuerklasse wählen könnt. Allerdings sind alle Vorteile, die ihr dadurch erzielt, nur temporär und ihr müsst am Ende des Jahres eventuell Steuern nachzahlen.

**3. Einer von euch hat hohe Zinserträge**
Hat einer von euch beiden Geld in Kapitalanlagen investiert und der andere nicht, könntet ihr durch eine Heirat Abgeltungssteuer sparen. Denn euch steht dann der doppelte Sparerfreibetrag von 801 € pro Person und pro Jahr zu. Diesen könnt ihr

unter euch aufteilen, wie ihr möchtet. So müsst ihr auf die ersten 1602 € Kapitalerträge pro Jahr keine Abgeltungssteuer in Höhe von 25 % zahlen.

**4. Einer von euch möchte dem anderen Partner ein sehr teures Geschenk machen**
Auch dann lohnt sich eure Hochzeit finanziell. Denn unter Ehepartnern kann man bis zu 500.000 € steuerfrei verschenken. An familienfremde Personen dagegen nur 20.000 €.

Aus finanzieller Sicht gibt es besonders auch im Falle des Todes von einem von euch beiden einen Vorteil gegenüber unverheirateten Paaren. Die gleichen Freibeträge wie bei der Schenkungssteuer gelten nämlich auch bei der Erbschaftssteuer. Das heißt: 500.000 € können völlig steuerfrei an den Partner vererbt werden. Bedenkt außerdem, dass die gesetzliche Erbfolge unverheiratete Paare nicht kennt. Gibt es kein Testament, geht der Partner leer aus. Selbst wenn man schon seit 40 Jahren zusammen ist.

## 15.1.4.2 Ehevertrag

Eine Scheidung wünscht sich niemand. Und besonders als gerade frisch verlobtes Paar mag das Thema Ehevertrag für euch erst einmal sehr unromantisch erscheinen. Dennoch solltet ihr euch mit diesem Thema auseinandersetzten und dann für euch entscheiden, ob und wenn ja, was für einen Ehevertrag ihr schließen möchtet.

Auch wenn die Scheidungsraten in den letzten Jahren wieder rückläufig sind, so lassen sich immerhin 40% der Paare im Laufe ihres Lebens wieder scheiden. Im Schnitt erfolgt die Scheidung nach etwa 14 Jahren.
Vielmals brechen Ehen im Streit auseinander. Jeder Partner gibt dem anderen die Schuld. Eine sachliche Diskussion um finanzielle Themen wird schwierig.
Ein zuvor geschlossener Ehevertrag kann da hilfreich sein. Denn so können sich beide Parteien außergerichtlich einigen. Das spart Zeit, Nerven und auch Geld. Eine Scheidung vor Gericht, bei der beide Parteien auch noch einen eigenen Anwalt haben, ist nie günstig.

Anders als in Ländern wie den USA gehört der Ehevertrag in Deutschland eher in die Kiste der Tabuthemen. Deshalb betrachtet den Ehevertrag als Sache zwischen euch beiden. Ihr müsst Freunde oder Familien hier nicht involvieren und seid niemandem Rechenschaft schuldig. Diskutiert das Thema unter euch aus und lasst euch gegebenenfalls professionell beraten. Ein Ehevertrag ist immer eine individuelle Sache, da finanzielle Gegebenheiten sowie Erwartungen ans Eheleben berücksichtigt werden müssen. Er kann übrigens nicht nur vor, sondern auch während oder sogar nach der Ehe geschlossen werden.

## 15.1.4.2.1 Den passenden Ehevertrag schließen

Die Erstberatung bei einem Anwalt oder Notar kostet in der Regel zwischen 100 bis 200 Euro und ist unabhängig vom sogenannten Geschäftswert. Entscheidet ihr euch, nach der Erstberatung einen Ehevertrag aufsetzen zu wollen, richten sich die Kosten allerdings nach dem Geschäftswert. Dieser Wert ist euer zur Zeit bestehendes Vermögen.
Insbesondere wenn ihr keine komplizierten Konstrukte vereinbaren wollt, ist ein Notar der bessere und kostengünstigere Ansprechpartner. Ein Notar ist stets dazu verpflichtet, euch neutral zu beraten. So oder so muss der Ehevertrag notariell beglaubigt werden.
Zu den Kosten zwei Beispiele, dann könnt ihr die Kosten für euren Fall in etwa einschätzen:

Notarkosten Geschäftswert: 50 000 € = 333,20 € inkl. MwSt.
Notarkosten Geschäftswert: 200 000 € = 649,75 € inkl. MwSt.

Ist euer Fall komplizierter und bedarf einer tiefgreifenderen Beratung, empfiehlt es sich vor der Eheschließung, einen oder sogar zwei Anwälte hinzuzuziehen. Zwei, weil dann jeder von euch beiden sich sicher sein kann, eine 100 % neutrale Beratung zu erfahren.
Die Anwaltskosten richten sich vor allem nach der Kompliziertheit des Ehevertrags. Als grobe Anhaltspunkte können mit den Zahlen aus vorherigem Beispiel folgende Werte dienen:

Anwaltskosten Geschäftswert: 50 000 € = 2.075,96 € inkl. MwSt.
Anwaltskosten Geschäftswert: 200 000 € = 3.593,21 € inkl. MwSt.

In den meisten Fällen führen die in Deutschland gesetzlich geltenden Bestimmungen im Falle einer Scheidung aber auch ohne Ehevertrag zu fairen Verhältnissen zwischen beiden Parteien.
Diese betreffen den Zugewinnausgleich, Unterhaltsansprüche und den Versorgungsausgleich.
Aber insbesondere in folgenden Fällen wäre ein Ehevertrag zu überlegen:

**1. Doppelverdiener-Ehe ohne Kinderwunsch**
Ihr habt beide eure Berufsausbildung abgeschlossen und verdient euer eigenes Geld. Keiner von euch beiden hat vor, während der Ehe beruflich kürzer zu treten. Dann seid ihr während der Ehe und auch im Falle einer Scheidung jederzeit finanziell unabhängig. Ihr möchtet daher ohne finanzielle Forderungen auseinandergehen. Der vom Gesetzgeber vorgesehene Versorgungsausgleich sowie der Zugewinnausgleich ist dann nicht notwendig und kann von euch im Ehevertrag weitestgehend ausgeschlossen werden.

**2. Heirat im hohen Alter**
Insbesondere wenn ihr bereits einmal verheiratet wart oder sogar schon Kinder habt, kann ein Ehevertrag durchaus sinnvoll sein. So ist besonders im Falle des Todes abgesichert, dass es unter den Erbberechtigten zu keinen langwierigen Streitereien ums Erbe kommt.

**3. Es besteht ein starker Unterschied bei den Vermögensverhältnissen oder ein großer Altersunterschied**
Hat einer von euch ein weit höheres Vermögen oder ist deutlich älter, nennt man dies Diskrepanzehe. Durch einen Ehevertrag kann verhindert werden, dass sich der wohlhabendere Partner ausgenutzt fühlt. Er kann sich sicher sein, dass der finanziell schlechter dastehende Partner eine Ehe nicht nur eingeht, um bei einer Scheidung finanziell ausgesorgt zu haben.

**4. Ehe mit einem Unternehmer oder Selbstständigen**
Seid ihr beide oder auch nur einer von euch beruflich selbständig beziehungsweise Unternehmer, ist ein Ehevertrag in zweifacher Hinsicht sinnvoll.
Zum einen, um das Unternehmen bei Tod oder Scheidung zu schützen. Denn ohne Ehevertrag kann es sein, dass der Ehepartner einen rechtlichen Anspruch auf Teile des Betriebsvermögens hat. Das kann ein Unternehmen schnell in Schieflage bringen.
Zum anderen kann es, wenn einer von euch als Angestellter arbeitet, durch die gesetzlichen Regelungen im Falle einer Scheidung zu einer bizarren Situation

kommen: Der selbständige Partner könnte mitunter einen Versorgungsausgleich geltend machen, obwohl er vielleicht finanziell besser dasteht als der angestellte Partner. Das heißt, der Partner, der als Angestellter arbeitet, müsste seine Rentenpunkte mit dem Selbständigen teilen.

**5. Ihr seid von unterschiedlicher Nationalität**
Habt ihr beide unterschiedliche Staatsangehörigkeiten, ist ein Ehevertrag besonders sinnvoll. In einem Ehevertrag kann dann bestimmt werden, wessen Landesrecht im Falle einer Scheidung oder des Todes einer der Ehepartner zum Tragen kommt.

## 15.1.4.2.2 Was sollte im Ehevertrag geklärt werden?

Folgend wollen wir euch zu den drei großen Themen, die in einem Ehevertrag Berücksichtigung finden sollten, die wichtigsten Informationen geben:

**Zugewinnausgleich**
Der Normalfall ohne Ehevertrag ist die **Zugewinngemeinschaft**. Beide Partner bleiben Alleineigentümer ihres Vermögens – auch während der Ehe. Kommt es allerdings zu einer Scheidung, ermittelt ein Gericht den Zugewinn, also um wie viel das Vermögen der beiden Partner seit Eheschließung gewachsen ist. Hat ein Partner während der Ehe ein höheres Vermögen als der andere aufgebaut, muss er die Hälfte dieses höheren Zugewinns an den anderen Partner auszahlen. Als Vermögen zählen Geld, aber auch Immobilien, Aktien, Kunstgegenstände etc. Erbschaften und Schenkungen, die man während der Ehe erhalten hat, zählen dagegen zum Anfangsvermögen und werden nicht berücksichtigt.

Daneben gibt es die Möglichkeit der **Gütergemeinschaft**. Simpel ausgedrückt verschmelzen die Vermögen und Schulden der beiden Partner zum Zeitpunkt der Eheschließung. Fortan sind sie und alle zukommenden Gewinne gemeinsames Eigentum. Bei einer Scheidung wird das Vermögen je zur Hälfte aufgeteilt.

Das dritte Konstrukt ist die **Gütertrennung**. Das jeweilige Einzelvermögen beider Partner kann, als ob man nicht verheiratet wäre, völlig selbstbestimmt verwaltet werden. Im Falle einer Scheidung findet kein Ausgleich des Zugewinns statt. Der große Nachteil der vollständigen Gütertrennung entsteht beim Tod eines Partners.

Denn dann fehlt der steuergünstige Zugewinnausgleich und das gesamte Erbe muss voll versteuert werden.

**Ehegattenunterhalt**
Ohne Ehevertrag sind beide Partner nach einer Scheidung grundsätzlich dazu verpflichtet, für ihren Unterhalt selbst aufzukommen. Ist einem der beiden Partner das, etwa wegen Krankheit, Kindererziehung oder eines hohen Alters, nicht möglich und der andere Partner verfügt über ein ausreichend großes Vermögen beziehungsweise Einkommen, ist er zur Zahlung eines Unterhalts verpflichtet. Die Höhe richtet sich nach dem Lebensstandard während der Ehe, der Länge der Ehe und den finanziellen Möglichkeiten.

In einem Ehevertrag kommen drei Optionen in Frage:

1. Der **Verzicht** auf Unterhalt. Sind beide Partner auch nach der Scheidung in der Lage, sich selbst zu versorgen, kann der Unterhaltsverzicht vertraglich vereinbart werden. Allerdings ist das nur in einem engen gesetzlichen Rahmen möglich. Ein Vertrag wird an dieser Stelle schnell unwirksam und sollte deshalb von einem Profi formuliert werden. Der Trennungsunterhalt, der im Trennungsjahr zum Tragen kommt, kann grundsätzlich nicht durch einen Ehevertrag ausgeschlossen werden. Jedoch kann ein geringerer Betrag, als er dem Gesetz nach zu zahlen wäre, vereinbart werden.

2. Die **Begrenzung** des Unterhalts. Verdient ein Partner überdurchschnittlich viel, ist es möglich, die Höhe des Unterhalts zu begrenzen.

3. **Erweiterung** des Unterhalts. Ist beispielsweise klar, dass einer der Partner seinen Job zwecks Familiengründung in der Ehe aufgibt und dadurch deutliche Einbußen in der Karriereplanung hinnimmt, kann der zu zahlende Unterhalt nach einer Scheidung auch erweitert werden. Hier kommen etwa feste Beträge oder Prozentzahlen des Nettogehalts in Frage.

**Versorgungsausgleich**
Der Versorgungsausgleich regelt, wie bei einer Scheidung mit erworbenen Rentenanwartschaften umgegangen wird. Besteht kein Ehevertrag, werden die Rentenanwartschaften jeweils zur Hälfte aufgeteilt. Das ist beispielsweise sehr sinnvoll, wenn ein Partner während der Ehe beruflich kürzer tritt, um sich um Haushalt und Familie zu kümmern.

Auf den Versorgungsausgleich kann durch einen Ehevertrag verzichtet werden. Natürlich kann er aber auch nur begrenzt werden.
Im Wesentlichen gibt es dafür in zwei Szenarien Notwendigkeit. Zum einen, wenn beide Partner während der Ehe vorhaben, in Vollzeit ihrer beruflichen Tätigkeit nachzugehen, und dabei ähnlich viele Rentenansprüche erwerben. Jeder wird dann auch bei einer Scheidung im Alter für sich selbst sorgen können.
Zum anderen ist es sinnvoll, auf den Versorgungsausgleich zu verzichten, wenn, wie schon weiter oben beschrieben, einer der beiden Partner selbständig ist und anderweitig Vorsorge fürs Alter betreibt.
Auch wenn davon auszugehen ist, dass einer der beiden Partner durch ein erwartetes hohes Erbe fürs Alter ausgesorgt haben wird, wäre ein Verzicht auf einen Versorgungsausgleich sinnvoll.

## 15.1.5 Name

Im Zusammenhang mit der standesamtlichen Trauung müsst ihr euch auch überlegen, ob ihr nach eurer Hochzeit den gleichen Namen tragen wollt.

Seit 1994 herrscht in Deutschland ein „geschlechtsneutrales" Namensrecht. Ihr entscheidet euch entweder für den Namen der Braut oder den des Bräutigams. Diesen Namen tragt ihr dann fortan als Familiennamen und gebt ihn auch an eure Kinder weiter, falls ihr welche bekommt.
Ihr habt aber auch die Möglichkeit, euch für einen Doppelnamen zu entscheiden. Ein Ehepartner nimmt dabei den Namen des anderen mit an und trägt einen Doppelnamen. Es ist jedoch nicht möglich, dass ihr beide einen Doppelnamen annehmt. Kinder würden in dem Fall einzig den Familiennamen tragen.
Zu guter Letzt besteht noch die Möglichkeit, dass ihr beide eure Nachnamen behaltet.
Entscheidet ihr euch dafür, habt ihr hinterher jederzeit die Möglichkeit, das insoweit zu ändern, dass einer doch noch den Namen des anderen annimmt.
Habt ihr beide eure Namen behalten, müsstet ihr euch bei euren Kindern auf einen Nachnamen einigen.

Wie weiter oben bereits erwähnt, solltet ihr aufpassen, falls einer von euch sich dazu entscheidet, den Namen des anderen anzunehmen. Solltet ihr direkt nach eurer Hochzeit in die Flitterwochen fliegen, braucht ihr schnell neue Ausweisdokumente.

Denn mit der Minute der Unterschrift tragt ihr dann einen neuen Nachnamen und braucht auch einen neuen Personalausweis sowie Reisepass.

Diese beiden Dokumente brauchen ab Beantragung bis zu sechs Wochen im Druck, da sie in der Bundesdruckerei gedruckt werden müssen.

Wie vorher schon erwähnt, ist es aber möglich, dass ihr den Standesbeamten vorher informiert, sodass er die neuen Dokumente am Tag der Hochzeit dabeihat.

## 15.2 Kirchliche Trauung

In diesem Kapitel beziehen wir uns auf Trauungen in katholischen und protestantischen Kirchen. Für alle anderen Glaubensgemeinschaften findet ihr im Internet auf zahlreichen Blogs genauere Informationen. Der Einfachheit halber schreiben wir hier immer vom Pfarrer. Die Angaben beziehen sich aber natürlich genauso auch auf Pastoren.

Bitte habt stets im Hinterkopf, dass wir in diesem Kapitel den klassischen Standardablauf beschreiben.

Ihr wollt als Braut nicht in die Kirche einlaufen und lieber schon vor der Kirche alle Gäste begrüßen? Kein Problem! Ihr mögt es nicht, euch vor anderen zu küssen? Egal! Bittet den Pfarrer darum, diesen Teil zu überspringen.

Fühlt euch zu nichts gezwungen und gestaltet zusammen mit dem Pfarrer den Gottesdienst nach euren Vorstellungen.

### 15.2.1 Die Vorbereitungen

Der Trautermin in der Kirche kann ebenso wie der standesamtliche Trautermin nicht x-beliebig von euch festgelegt werden. Ihr müsst früh genug anfragen, wenn ihr in einer bestimmten Kirche heiraten möchtet.

Selbst in kleinen Kirchen können aber bis zu vier Trauungen an einem Samstag stattfinden. Da immer weniger Brautpaare sich vor Gott das Ja-Wort geben, wird es also nicht schwer sein, eine geeignete Kirche zu finden. Jährlich finden etwa 400 000 Eheschließungen in Deutschland statt. Dabei heiraten allerdings nur weniger als 90 000 Paare auch kirchlich.

Was viel eher das Problem sein kann, ist die passende Uhrzeit. Denn diese ist für den Tagesablauf entscheidend. Genau wie im Standesamt muss man sich also seinen Wunschtermin inklusive der Wunschuhrzeit früh genug vormerken lassen. Die meisten Kirchen lassen dies bis zu 12 Monate vor der Hochzeit zu. Da Kirchen an keine gesetzliche Richtlinie gebunden sind, schafft man es durch Sympathie aber auch oft schon früher, sich den gewünschten Termin zu reservieren.
Dazu ruft ihr am besten beim Pfarramt an und macht einen Termin mit dem Pfarrer aus.
Zu dem Vorbereitungsgespräch solltet ihr folgende Unterlagen mitführen:

- eure Personalausweise
- die Anmeldung zur Eheschließung beziehungsweise die Heiratsurkunde des Standesamtes
- eure Taufurkunden
- eure Firmungs- beziehungsweise Konfirmationsurkunden.

Im ersten Gespräch wird der Pfarrer euch alles erklären und auf eure Fragen eingehen.
In manchen Gemeinden ist es notwendig, an einem Ehevorbereitungskurs oder einem Seminar teilzunehmen. Manchmal reicht aber auch ein zweites Ehegespräch mit dem Pfarrer aus. Dies wird ein lockeres Gespräch sein, bei dem ihr einfach ein bisschen über euch erzählt. Ihr sagt dem Pfarrer, was ihr an dem anderen mögt, wie ihr euch kennengelernt habt und andere kleine Details eurer Beziehung. Der Pfarrer wird euch in der Regel auch fragen, warum ihr kirchlich heiraten möchtet. Seid also auf diese Frage vorbereitet.

Die kirchliche Trauung wird höchstwahrscheinlich in einer Kirche stattfinden. Manchmal ist es aber auch außerhalb der Kirche möglich, zu heiraten. Dafür muss, solange keine besonderen Umstände, wie eine schwere Krankheit, vorliegen, der Boden geweiht sein. In manchen alten Kapellen auf Schlössern ist dies der Fall.

Die Kirche, in der ihr heiratet, sollte nicht zu weit von eurer Partylocation entfernt sein. Die Fahrzeit sollte möglichst gering sein und am besten nicht mehr als 45 Minuten betragen.
Durch eine geringe Strecke kann es zum einen zu weniger Staus kommen und zum anderen haben eure Gäste keine lange Fahrt, die sie ermüdet.

Die Trauung in der Kirche dauert in der Regel zwischen 45 und 90 Minuten.

Bei einer kirchlichen Trauung fallen meist nur für die Unterlagen, die vorher besorgt werden müssen, Kosten an. Diese liegen zwischen 20 bis 50 Euro. Zusätzlich ist aber noch eine Spende an die Kirche gewünscht. Sie sollte etwa zwischen 100 und 500 Euro liegen. Zusätzlich wird bei der Trauung eine Kollekte umhergehen. Eure Gäste können dann spenden, was sie möchten. Denkt auch daran, dass Küster, Pfarrhelfer, Organisten und Chöre sich ebenfalls über eine kleine Aufmerksamkeit eurerseits freuen.

### 15.2.2 Das Einlaufen in die Kirche

Der Pfarrer wird den genauen Ablauf der gesamten Hochzeitszeremonie, die immer unterschiedlich ausfallen kann, mit euch besprechen. Den Ablauf wird der Pfarrer im Vorgespräch aber genauestens erklären und ihr müsst euch dabei um nichts Sorgen machen. Das Vorgehen wird so routiniert sein, dass in der Kirche nichts schiefgehen wird. Folgend wollen wir euch aber einmal die üblichste Variante vorstellen.

Der Bräutigam und die Gäste warten vor der Kirche. Hier muss es noch keine Getränke oder Snacks geben, denn in den meisten Fällen werden eure Gäste gut gefrühstückt haben. Anschließend werden sie durch den Pfarrer in die Kirche begleitet und alle nehmen Platz.

Eine Sitzordnung in der Kirche ist grundsätzlich nicht nötig und recht unüblich. Vermutlich wisst ihr zuvor sowieso nicht genau, wer alles zu eurer kirchlichen Trauung erscheint. Oft kommen auch Gäste, die nicht zur anschließenden Feier eingeladen sind, aber trotzdem bei eurer Vermählung dabei sein möchten.
Meistens sitzen in der ersten Reihe die Eltern, Geschwister, Großeltern und Trauzeugen. In den Reihen dahinter die erweiterte Familie. Dann folgen alle anderen Gäste wie Freunde, bekannte Arbeitskollegen und andere Gemeindemitglieder.
Früher saßen auf einer Seite der Kirche die Angehörigen der Braut, während auf der anderen Seite die des Bräutigams saßen.
Heutzutage wird dies meist lockerer gehandhabt. Auch als Zeichen, dass nach der Vermählung beide Familien miteinander verbunden sind.

Bevor die Braut einläuft, sollte eine Person unbedingt darauf achten, dass der Mittelgang frei bleibt. Dort sollten keine Kinderwagen, Rollatoren und sonstige störende Dinge stehen.

### 15.2.3 Die Braut erscheint

Habt ihr Blumenkinder, laufen diese in der Kirche vor der Braut ein. Dann folgen die Brautjungfern und Groomsmen, falls ihr welche habt.
Schließlich folgt die Braut mit ihrem Vater, der sie zum Altar geleitet und an den Bräutigam übergibt.
Manche Pfarrer bieten an, die Braut abzuholen und selbst zum Altar zu führen. Dieses Angebot solltet ihr aber dankend ablehnen, da es nicht so schön aussieht und von der symbolischen Wirkung auch nicht so stark ist, als wenn der Vater seine Tochter geleitet. Natürlich ist es aber auch möglich, dass die Braut ganz allein zum Altar schreitet oder von einer anderen, ihr nahestehenden Person zum Altar geführt wird.
Ebenso ist es möglich, dass ihr beide zusammen in die Kirche einlauft.

Habt ihr Blumenmädchen und/oder Brautjungfern, so achtet darauf, dass alle einen Abstand von etwa 10 Metern haben und nicht zu schnell laufen. Sonst hat der Fotograf keine Möglichkeit, schöne Fotos und Videos zu machen, weil die Braut durch die vor ihr Gehenden verdeckt wird.

Insbesondere ihr als Braut, aber auch alle anderen, die einlaufen, sollten darauf achten, dass ihr förmlich nach vorne schreitet. Geht langsam im Takt der Musik und genießt euren Gang zum Altar, wenn alle Augen auf euch gerichtet sind.

In der Kirche, wie auch meist im Standesamt, sitzt die Braut zur Linken ihres zukünftigen Ehemannes. Dies hat den Hintergrund, dass die Braut beim Umdrehen und Aus-der-Kirche-Gehen zur Rechten ihres Ehemannes steht.

### 15.2.4 Der Ablauf der Zeremonie

Zuallererst solltet ihr den Pfarrer nicht als Dienstleister sehen. Auch wenn er vielleicht manche eurer Wünsche nicht erfüllen kann oder möchte, so gibt es oft für alles einen guten Kompromiss. Solange ihr vernünftig begründen könnt, warum ihr euch etwas Bestimmtes wünscht, lassen sich die meisten Pfarrer darauf ein.

Ihr dürft in der Regel das Evangelium, aus dem der Pfarrer liest, auswählen. Der Pfarrer wird euch vermutlich nach dem Vorgespräch Vorschläge machen, welche Stelle aus welchem Evangelium seiner Meinung nach gut zu euch passt.
Ein oder mehrere eurer Gäste dürfen eine Lesung abhalten. Auch das liegt in eurer Entscheidungsgewalt.
Schließlich dürft ihr ebenso Gäste auswählen, die Fürbitten vortragen. Persönlicher wird es, wenn eure Gäste diese Fürbitten selbst schreiben und nicht vorgegeben bekommen.

Soll eine Traukerze entzündet werden, könnten eure Taufpaten eure Taufkerzen an den Altar bringen. Mit diesen könnt ihr dann gemeinsam eure Traukerze entzünden.
Auf jeden Fall ist es sehr schön, wenn eure Familie und Freunde bei der Zeremonie mithelfen. So bekommt alles eine viel persönlichere Note.

Auch die Lieder, die bei eurer Hochzeit gespielt oder sogar vom Chor vorgetragen werden, dürft ihr oft selbst auswählen. Am Schluss der Zeremonie ist es besonders schön, wenn ein, zwei poppigere Lieder gespielt werden. Denn das kann die Stimmung schon in der Kirche ungemein auflockern, bevor es anschließend aus der Kirche herausgeht.
Leider ist aber nicht jeder Pfarrer für jedes Lied offen und es kann sein, dass er euren Wunsch nach poppigeren Liedern ausschlägt. Insbesondere, wenn er eher konservativ ist oder auf Traditionen einen großen Wert legt. Letztendlich hat schließlich er die Entscheidungshoheit darüber, wie die Trauung in „seiner" Kirche abläuft. Vielleicht schafft ihr es ja dennoch, wenn ihr ihm das Lied vorspielt. Falls der Text in einer anderen Sprache ist, übersetzt ihm diesen schon vorher und erläutert die persönliche Bindung, die ihr zu dem Lied habt.

Beim Vorgespräch mit dem Pfarrer solltet ihr klären, ob Fotografieren und Filmen in der Kirche erlaubt ist und falls ja, ob es einen Part in der Messe gibt, an dem es dennoch nicht erwünscht ist.
Während des Evangeliums und der Kommunion ist Fotografieren meist unpassend und kann als störend empfunden werden. Bittet also den Fotografen im Vorhinein, dass er dann keine Fotos schießen soll.

Es sollte in der Kirche auch unbedingt Blitzlicht vermieden werden, insbesondere wenn nebenbei gefilmt wird. Ein erfahrener Fotograf wird dies aber wissen und bekommt auch ohne Blitzgerät gute Fotos geschossen.

Eure Familienangehörigen und Freunde sollten, wenn überhaupt, ebenfalls immer ohne Blitz fotografieren. Sie sollten lieber den Moment mit euch zusammen genießen und voll bei der Sache sein.

Einer der Trauzeugen oder der Pfarrer kann die Hochzeitsgesellschaft, bevor es in die Kirche geht, darüber aufklären, dass es nicht erwünscht ist, dass Fotos geschossen werden. Begründet das damit, dass ihr einen professionellen Fotografen dabeihabt, dessen Fotos jeder Gast schon kurz nach der Hochzeit herunterladen kann.

Um etwas Geld zu sparen, könnt ihr den Pfarrer fragen, ob am gleichen Tag, vor oder nach eurer Hochzeit, eine weitere Trauung stattfindet. Eventuell stimmt euer Farbkonzept mit dem des anderen Paares überein und ihr könnt euch die Deko und den Blumenschmuck teilen. So gibt es auch weniger „Verschwendung" an Blumen.

Alternativ könnt ihr beim Floristen anfragen, ob er die Dekoration der Kirche so anfertigen kann, dass sie schnell abbaubar ist. So können dann zuvor von euch darum gebetene Gäste die Deko zur Hochzeitslocation mitnehmen und dort aufbauen.

So spart man ein wenig Geld und verschwendet nicht die schönen Blumen für die kurze Zeit, die man in der Kirche ist.

## 15.2.5 In einer anderen Gemeinde heiraten

Wenn die Kirche, in der ihr heiraten möchtet, nicht in der eigenen Heimatgemeinde liegt, solltet ihr abklären, ob es bestimmte Auflagen gibt. Normalerweise ist das möglich, bedarf aber der Absprache der beiden Pfarrer.

Habt ihr in eurer Heimatgemeinde einen Pfarrer, zu dem ihr engen Kontakt habt, und ihr würdet gerne durch ihn getraut werden, wollt aber in einer anderen Kirche heiraten, ist es möglich, dass dieser euch in der Kirche einer anderen Gemeinde traut. Dies machen aber nicht alle Pfarrer mit und es ist eventuell an eine Spende an die Kirche gebunden.

Wenn ihr aber gute Argumente dafür habt, warum ihr in der Kirche einer anderen Gemeinde heiraten wollt, stehen dieser Idee einige Pfarrer offen gegenüber.

Beispiele für mögliche Gründe, die viele Pfarrer akzeptieren, wären, dass jemand aus eurer Familie nicht weit verreisen kann oder dass ihr euch in der Stadt, in der ihr euch trauen lassen wollt, kennengelernt habt.

Wenn ihr nicht in eurer Heimatkirche heiratet und völlig frei in der Auswahl der Kirche seid, könnt ihr auf diese Dinge achten:

- genügend Sitzplätze für eure Hochzeitsgesellschaft (das sollte in der Regel der Fall sein)
- ein großer Mittelgang, sodass die Braut mit ihrem Kleid durchschreiten kann, ohne dass es unschöne Falten wirft.
- Die Kirche sollte außerdem möglichst hell sein. Dann haben es Foto- und Videograf einfacher.
- Falls die Kirche mit Spots ausgeleuchtet wird, könnt ihr den Pfarrer darum bitten, diese beim Brauteinlauf und über dem Altar auszuschalten, da diese für unschöne Schatten im Gesicht von Braut und Bräutigam sorgen können.

## 15.2.6 Katholisch in zweiter Ehe heiraten

In der evangelischen Kirche kann auch nach einer Scheidung ein zweites Mal geheiratet werden. Die Heirat wird als eine Segnung der Ehe durch Gott verstanden.
Anders sieht es in der katholischen Kirche aus. Hier wird die Ehe als Sakrament angesehen und sie kann normalerweise nur einmal vollzogen werden.
Eine Ausnahme besteht, wenn die erste Ehe annulliert wird. Das ist allerdings nur unter ganz speziellen Voraussetzungen möglich und bedarf der genauen Beratung eines Pfarrers. Auch wenn ihr bereits in einer anderen Kirchengemeinschaft oder zivilrechtlich verheiratet wart, ist eine katholische Hochzeit im Normalfall ausgeschlossen.
Ist euer erster Ehepartner verstorben, ist eine zweite katholische Trauung möglich. Durch den Tod des Partners hat die Ehe nach Kirchenrecht keinen Bestand.

### 15.2.7 Interkonfessionelle Ehen

Wenn ihr nicht beide die gleiche Konfession habt und ihr beide auch nicht konvertieren wollt, lassen sich manche Kirchen auf eine ökumenische Trauung ein. Diese kann dann beispielsweise im Fall einer christlichen Trauung entweder in einer protestantischen oder in einer katholischen Kirche stattfinden.
Ein Pfarrer der jeweils anderen Konfession begleitet die Trauung dann zusätzlich, sodass ihr den Segen beider Kirchen habt.

In evangelischen Kirchengemeinden stellt es auch kein Problem dar, einen Partner einer nicht christlichen Kirchengemeinschaft zu heiraten.
Und sogar in der katholischen Kirche ist es möglich, interkonfessionell jemanden aus einer nicht christlichen Religionsgemeinschaft zu heiraten. Dazu braucht ihr eine sogenannte „Befreiung vom Ehehindernis der Religionsverschiedenheit". Lasst euch dahingehend bitte von einem Vertrauten eurer Gemeinde beraten.

## 15.3 Freie Trauung

Eine freie Trauung ist nicht damit zu verwechseln, dass die Trauung unter freiem Himmel stattfindet. Sondern es ist eine Möglichkeit des Heiratens, ohne dass eine Kirche oder ähnliche Institution dahintersteht. Also eine rein symbolische Vermählung ohne spirituellen Hintergedanken.

Oftmals wählen schon einmal verheiratete oder konfessionslose Paare, denen eine standesamtliche Trauung nicht emotional genug ist, diese Form der Trauung.
Unter manchen Umständen ist es möglich, die freie Trauung mit der standesamtlichen Trauung zu kombinieren. Dann ist sowohl euer Standesbeamte als auch der durch euch beauftragte freie Redner anwesend. Die beiden übernehmen den jeweils ihnen zugewiesenen Aufgabenteil. Da bei dieser Variante aber der Standesbeamte ein wenig außen vor sein wird und quasi „nur" den offiziellen Part übernimmt, lassen sich nicht viele Standesbeamte darauf ein.
Wenn ihr gerne eine symbolträchtigere Trauung hättet, zugleich aber auch den offiziellen Part mit abgedeckt haben wollt, zögert nicht, euren Standesbeamten darauf anzusprechen. Vielleicht schafft ihr es, ihn zu überzeugen, wenn ihr ihm sympathisch seid und er euch verstehen kann.

Besonders wenn einer von euch Wurzeln in einer anderen Kultur hat und einige der Gäste deutsch nicht verstehen, ist eine standesamtliche Trauung gut mit einer freien Trauung kombinierbar.
Der offizielle Teil muss dabei allerdings auf Deutsch geführt werden, so sieht es das Gesetz vor. Beim zeremoniellen Teil dagegen habt ihr die freie Wahl, in welcher Sprache dieser stattfinden soll.
Der Zeremonienleiter sollte dann zuvor mit dem Standesbeamten Kontakt aufnehmen und absprechen, welche Bräuche und Symbole er mit einbringen möchte.

Der große Vorteil einer freien Trauung ist, dass der Ablauf und der Ort, an dem sie stattfindet, völlig frei gestaltbar ist. Ob nun in der Karibik, am Polarkreis, während eines Fallschirmsprungs oder im Park eurer Location. Ihr allein habt die Wahl und könnt alles bestimmen, solange ihr einen freien Redner findet. So wird die freie Trauung zu einer äußerst persönlichen und individuellen Sache, die ihr so anpassen könnt, dass sie perfekt zu euch passt.

Habt ihr noch keine genauen Vorstellungen, wie eure persönliche freie Trauung aussehen könnte, ist ein freier Redner der perfekte Ansprechpartner, um die verschiedenen Möglichkeiten und Rituale zu erklären. Aus diesen könnt ihr dann die für euch passenden Rituale auswählen und eigene Ideen einbringen. Einige Rituale haben wir im Kapitel 15.3.4, „Hochzeitsrituale" näher beschrieben.

Beim Vorgespräch wird euch der Trauredner ähnliche Fragen stellen wie ein Pfarrer. Ihr solltet ihm alles Relevante erzählen. Dazu gehören erfreuliche Geschichten, wie euer Kennenlernen, genauso wie Schicksalsschläge und eher schlechte Zeiten in eurer Beziehung. Denn diese habt ihr offensichtlich gemeinsam durchgestanden und sie haben eure Beziehung so gefestigt, dass ihr euch das Leben von nun an nur noch gemeinsam vorstellen könnt.
Diese Details sind sehr wichtig, um eine persönliche Atmosphäre zu schaffen. Der Trauerredner kann euch so besser einschätzen, eine passende Rede schreiben und die richtigen Rituale vorschlagen.

Eine Live-Band oder ein Hochzeitssänger, der während der freien Trauung immer mal wieder ein Lied singt, ist empfehlenswert. Die passende musikalische Untermalung der Zeremonie sorgt für eine noch emotionalere Stimmung.
Wenn ihr ein Familienmitglied oder einen Freund habt, der Musiker ist, sorgt ein Auftritt für eine noch intimere Atmosphäre.

In jedem Fall solltet ihr aber zuvor klären, welche Art von Musik ihr euch dabei wünscht.

## 15.3.1 Freie Trauung unter freiem Himmel

Auch wenn eine freie Trauung nicht zwangsläufig bedeutet, dass sie im Freien, also draußen stattfindet, so ist dies dennoch oft der Fall. Denn sich in der Natur, an der frischen Luft, das Ja-Wort zu geben hat doch auch sein ganz eigenes Flair.
Unabdingbar ist jedoch eine Schlechtwetteralternative. Ansonsten würdet ihr euch im Vorhinein verrückt machen, dass es an dem Tag auf keinen Fall regnen darf. Klar, schönes Wetter wünscht sich jeder für seine Hochzeit. Jedoch sollte man auf alles vorbereitet sein. So werdet ihr zumindest die Tage vor der Hochzeit ein wenig entspannter sein. Genug Stress wird ohnehin noch auf euch zukommen.
Am einfachsten ist es daher, in direkter Nähe zur Hochzeitslocation seine freie Trauung durchzuführen. So werdet ihr, auch wenn es „nur" der Speisesaal ist, auf jeden Fall eine Alternative für Regenwetter in petto haben.
Auch die Bestuhlung werdet ihr dann mit wenig eigenem Aufwand und meist deutlich günstiger als sonst von der Location mieten können.
Wenn man sich die Bestuhlung von außerhalb mieten möchte, kann dies vier bis sechs Euro pro Tag und pro Stuhl mit Kissen kosten.
Als Schlechtwetteralternative ein Zelt zu haben, ist, wie schon bei der Location angesprochen, recht preisintensiv, insbesondere, wenn ein Boden gelegt werden muss.

Bei der Trauung im Freien ist darauf zu achten, dass ihr als Hochzeitspaar am besten unter einem Pavillon, einem großen Schirm oder einem Baum steht, damit die Sonne euch nicht blendet. Falls dies nicht möglich ist, solltet ihr die Trauungen so stattfinden lassen, dass sich die Sonne im Rücken von euch und euren Gästen befindet. Besonders im Hochsommer sind große Bäume, die genügend Schatten spenden, aber sehr sinnvoll, damit ihr nicht eine knappe Stunde in der brütenden Hitze sitzt.
Mit Blick auf schöne Fotos meidet ihr am besten insbesondere rostfarbene Gegenstände wie Teppiche und Schirme. Diese reflektieren das Licht rot und so bekommt alles einen roten Schimmer. Besonders das Kleid und die Gesichter wirken dann schnell unnatürlich.
Besser ist es, auf cremefarbene oder weiße Teppiche und Schirme zu setzen.

Vor einer Trauung im Freien sollte man auf zu viele alkoholische Getränke verzichten. Denn sitzen die Gäste unter Alkoholeinfluss in der Sonne, wirkt der Alkohol zum Teil unerwartet stark.

Ebenfalls nett ist es, wenn an einem heißen Tag jeder Gast eine kleine Wasserflasche an seinem Platz hat.

### 15.3.2 Freie Redner

Es gibt grundsätzlich zwei Arten von freien Rednern:

1. Hochzeitsredner: Dafür bedarf es in Deutschland keiner besonderen Ausbildung. Die Berufsbezeichnung ist nicht geschützt. Theoretisch kann sich also jeder, der möchte, Visitenkarten drucken und fortan als Hochzeitsredner bezeichnen.
Deshalb ist es wichtig, sich vor der Entscheidung für einen Redner Referenzen geben zu lassen. Ein wirklich professionell agierender Redner wird zumindest ein, zwei Videos haben, die er euch vorspielt. Natürlich ist jede freie Trauung ein wenig anders und individuell, aber so könnt ihr euch ein Bild von seiner Arbeit machen.

2. Theologen: Diese Männer und Frauen haben zwingend ein Theologiestudium abgeschlossen. In ihrem Studium haben sie sich insbesondere mit der Auslegung von Glaubensinhalten auseinandergesetzt und sind mit unterschiedlichen Religionen in Kontakt gekommen. Sie stehen meist verschiedenen Weltanschauungen offen gegenüber.
Oft sind sie hauptberuflich als Religionslehrer aktiv. Dadurch sind sie im freien Reden besonders geschult.

Mit dem Trauredner sollte man auf keinen Fall nur E-Mails schreiben, sondern zumindest telefonieren, wenn ein persönliches Treffen beispielsweise aufgrund der Entfernung nicht möglich ist. Ein Treffen ist aber besser und gibt es die Möglichkeit dazu, so sollte man sie auf jeden Fall wahrnehmen.

Die Kosten für einen freien Redner sind sehr unterschiedlich. Hierbei spielt es natürlich auch eine Rolle, ob der Redner seine eigene Technik mitbringt oder ob diese schon vorhanden ist.
Für professionelle Redner bezahlt man in der Regel 600 bis 1 000 Euro.

## 15.3.3 Das Ehegelübde

Was bei einer freien Trauung kaum wegzudenken ist, ist das persönliche Ehegelübde. Das sind ein paar nette Worte, die jeder von euch dem anderen schreibt und während der Trauung spricht. Diese Augenblicke werden vermutlich die emotionalsten Momente eures Hochzeitstages sein.

Beispiel aus der Perspektive des Bräutigams:
Ich liebe dich bedingungslos und ohne zu zögern.
Ich gelobe, dich zu lieben, dich zu unterstützen, dir zu vertrauen und dich zu respektieren.
Als Familie möchte ich mit dir ein Zuhause schaffen, in dem voneinander lernen, gemeinsam lachen und Mitgefühl den Alltag bestimmen.
Ich verspreche, mit dir eine Beziehung auf Augenhöhe zu pflegen,
in dem Wissen, dass wir zusammen ein besseres Leben haben werden, als wir es uns alleine je vorstellen könnten.
Heute wähle ich dich als meine Frau.
Ich akzeptiere dich so, wie du bist, und biete dir im Gegenzug mich selbst dafür an.
Ich möchte mich um dich kümmern und mit dir alle Widrigkeiten unseres Lebens durchstehen.
Ich möchte all meine Freuden von heute an und bis in alle Tage meines Lebens mit dir teilen.
Ich liebe dich!

## 15.3.4 Hochzeitsrituale

Hochzeitsrituale sind die Kernelemente von freien Trauungen. Erst sie geben der Zeremonie den ganz speziellen Zauber und ihre Tiefgründigkeit.
Dabei gibt es nahezu unendlich viele Rituale, die aus den verschiedensten Religionen und Kulturkreisen entnommen sind.

Drei Beispiele, die wir besonders schön finden:

1. Hochzeitskerzen: Dabei werden von euch gemeinsam drei Kerzen entzündet, wobei eine für die Vergangenheit, eine für die Gegenwart und eine für die gemeinsame Zukunft steht. Dieses Ritual könnt ihr auch so gestalten, dass zwei der Kerzen jeweils von euren Eltern entzündet und über die Trauzeugen zu euch herübergereicht werden. Mit diesen beiden Kerzen entzündet ihr dann gemeinsam die dritte Kerze, die symbolisch für eure Zukunft steht.

2. Sandritual: Hier hat jeder von euch ein Gefäß, in dem ein einfarbiger Sand ist. Diesen Sand kippt ihr dann abwechselnd in ein drittes Gefäß.
Besonders, wenn ihr schon Kinder habt und eine neue Patchworkfamilie entsteht, ist dies ein sehr schönes Ritual. Denn nicht nur ihr beide, sondern auch jedes Kind und jede andere Person, die zu dieser neu entstehenden Familie gehört, kann dann einen andersfarbigen Sand haben. Jede Farbe steht dann für eins der Familienmitglieder und jeder füllt seinen Sand in das große Gefäß. Hier mischt sich der Sand symbolisch für die neu entstehende Familie. Der Sand ist dann nicht mehr trennbar, wie die neue Familie auch. Das Sandgefäß kann dann hinterher schön als Dekoration genutzt werden.

3. Grundstein für die Ewigkeit: Bei dem Grundstein für die Ewigkeit handelt es sich um eine Tonplatte, in die ihr gemeinsam eure Hände drückt. Diese Platte wird dann, wenn ihr einmal ein Haus baut, als Grundstein verwendet.

Natürlich gibt es noch viel mehr Rituale. Hier ist euer freier Redner der Experte. Gemeinsam mit ihm werdet ihr sicher das oder die passenden Rituale für euch finden.

Auch kann der Redner ein individuelles Gebet für die Zeremonie schreiben. Insbesondere wenn ihr gläubige Personen in eurer Hochzeitsgesellschaft habt, kann dies natürlich auch mit Bezug auf diese Religion geschehen.

## 15.4 Tipps für alle Trauformen

Schön, ist es, wenn die Gäste am Trauort ankommen und dort in Empfang genommen werden. Dabei kann diesen Part entweder der Bräutigam oder aber auch die Trauzeugen beziehungsweise der Zeremonienmeister übernehmen.

An der Stelle müsst ihr für euch entscheiden, ob ihr es lieber habt, dass ihr eure Gäste gemeinsam begrüßt, oder ob ihr einen Einlauf in eure Traulocation möchtet, ohne dass euch zuvor jemand gesehen hat.
Dabei könnt ihr es so gestalten, dass entweder beide zusammen einlaufen, der Mann schon vorne wartet, oder aber, dass ihr beide nacheinander einlauft.
Auf jeden Fall sollte die Einlaufreihenfolge zuvor feststehen.
Meist ist der Ablauf wie folgt:

1. Blumenkinder laufen gemeinsam ein.
2. Ein Kind mit einem Schild in der Hand, auf dem etwas steht wie „Hier kommt die Braut", kommt hinterher.
Oder auch mit einem lustigen kurzen Spruch wie „Letzte Chance zum Wegrennen"!
3. Den Kindern folgen – wenn ihr welche habt – dann die Brautjungfern und Groomsmen.
4. Schließlich kommt die Brautmutter oder auch eure beiden Mütter.
5. Zum krönenden Abschluss kommt natürlich die Braut. Entweder allein, am Arm ihres Vaters oder aber auch in Begleitung eines anderen wichtigen Menschen.

Besonders die Braut sollte ganz langsam und im Takt der Musik einziehen. Genieße in diesem Augenblick die volle Aufmerksamkeit, die du haben wirst, und spüre den Moment.
Dabei ist es wichtig, dass alle Einlaufenden genug Abstand zu ihrem Vordermann haben. So nehmen die Gäste einerseits die Einlaufenden besser wahr, andererseits hat euer Fotograf es einfacher, schöne Fotos zu schießen.

Nach der Trauung, beim Auszug aus der Traulocation, können die Gäste Spalier stehen, was aber von einer oder mehreren Personen (zum Beispiel den Trauzeugen) organisiert und koordiniert werden sollte. Das Hochzeitspaar kommt dann natürlich als Letztes heraus. Die Gäste können dann etwa Seifenblasen pusten oder auch Rosenblätter vor euch werfen. Hier sollte aber vorher geklärt werden, ob dies erlaubt ist. Am besten fragt ihr im Vorfeld eine Person, ob sie die Blätter hinterher auffegen kann.

Der alte Brauch, Reis zu werfen, ist nicht ideal. Zwar ist es nur ein wildes Gerücht, was Ende der 90er Jahre vor allem durch die Fernsehsendung „die Simpsons" angefacht wurde, dass der Reis sich in den Mägen von Vögeln aufbläht und diese dann qualvoll sterben. Jedoch lockt er tatsächlich Tauben und Ratten an. Außerdem ist er oft sowieso verboten, weil er einfach zu viel Dreck, der schwer zu

beseitigen ist, produziert. Ebenso kann er in den Haaren, im Kleid und in der Kleidung des Bräutigams kleben bleiben.
Besonders die meisten Pfarreien verbieten Reis explizit, da er ein Lebensmittel ist und es als Verschwendung angesehen wird, diesen einfach so auf den Boden zu werfen.

Am Ende des Spaliers wartet dann oft als erste Aufgabe für das Hochzeitspaar ein Leinentuch mit einem aufgemalten oder gesprühten Herz. Dieses Tuch muss das Hochzeitspaar dann durchschneiden und Hand in Hand hindurchgehen.

Während der Zeremonie sollen natürlich auch Bilder oder sogar Videos aufgezeichnet werden. Überlasst das aber lieber Profis. Eure Gäste sollten sich entspannt alles anschauen.
Habt ihr sowohl einen Fotografen als auch einen Videografen, kennen sich die beiden Dienstleister im Idealfall. So kommen sie sich nicht in die Quere und arbeiten Hand in Hand.
Natürlich ist auch dies wieder mal eine ganz individuelle Entscheidung von euch. Aber wir sind der Meinung, dass die Priorität eher auf guten Fotos als auf einem schönen Video gelegt werden sollte. Das Video werdet ihr euch vielleicht alle paar Jahre einmal anschauen, während ihr die Fotos wahrscheinlich öfter seht und sie auch in eurer Wohnung oder eurem Haus stehen habt. Auch auf allen Dankeskarten werdet ihr Fotos verwenden.
So werden die Fotos ganz pragmatisch auch einfach mehr Leute zu Gesicht bekommen, weshalb wir euch dort einen höheren Stellenwert empfehlen würden.

Und noch eine letzte Sache: Lasst Emotionen zu.
Emotionen sind das Wichtigste an diesem unvergesslichen Tag. Ihr dürft sie selbstverständlich, auch gerade beim Standesamt oder in der Kirche, zeigen. Lachen, weinen, schmunzeln, Händchen halten und vieles mehr gehört zu einer gelungenen Trauzeremonie. Besonders ihr Bräute solltet aber darauf achten, dass ihr eure Augen, nachdem ein paar Tränen heruntergekullert sind, nicht trocken wischt, sondern trocken tupft, um euer Make-up zu schonen.

# 16. Die letzten Tage vor der Hochzeit

Euer großer Tag rückt immer näher und die Aufregung steigt. Doch jetzt gilt es einen kühlen Kopf zu bewahren und nicht auf den letzten Metern noch Fehler zu machen.

**Eine Woche vor der Hochzeit** lohnt es sich, noch mal allen Dienstleistern eine E-Mail zu schreiben oder sie anzurufen, um sich ein letztes Mal den Termin bestätigen zu lassen und die genauen Zeiten und Adressen durchzugeben. Im allergrößten Notfall habt ihr so noch Zeit, einen Ersatz zu organisieren.
Wen ihr unbedingt um Rückmeldung bitten solltet, sind:

- die Verantwortlichen für die Location
- den Caterer
- den Floristen/Dekorateur
- den Friseur und Visagist
- den Fotograf/Videograf
- DJs, Sänger, Bands
- Künstler und andere Dienstleister.

Ebenfalls etwa eine Woche vor der Hochzeit wird das Kleid abgeholt und alles ein letztes Mal zur Probe angezogen. Gibt es kleinere Passfehler, können diese meist sofort im Brautmodengeschäft behoben werden.
Aber nicht nur für die Braut ist es wichtig, ein letztes Mal ihr Outfit anzuprobieren, sondern ebenso für den Bräutigam. Er sollte sein gesamtes Outfit einmal anziehen und schon griffbereit hinlegen.
Vermutlich trägt der Bräutigam ein neues Hemd. Dieses sollte zumindest einmal gewaschen und gebügelt werden, damit der chemische Geruch aus dem Kleidungsstück verschwindet und es wirklich akkurat gebügelt ist.
Soll es ein spezieller Krawattenknoten sein? Dann ist jetzt Zeit zu üben, damit am Hochzeitstag alles perfekt sitzt.

**Drei bis fünf Tage vor der Feier** solltet ihr zur Bank gehen und das Geld für die Dienstleister abheben, die am Hochzeitstag bezahlt werden. Mit diesem Geld könnt ihr dann Kuverts vorbereiten und einer vertrauensvollen Person übergeben, die dann am Hochzeitstag die Dienstleister bezahlt.
Manche Locations bieten Safes, in denen ihr das Geld dann lagern könnt oder übernehmen die Aufgabe des Bezahlens der Dienstleister für euch.

Wirklich ernst gemeint ist der Tipp, dass ihr den Ringwechsel und anschließenden Kuss zu Hause mindestens einmal übt, damit es bei der Trauung reibungslos funktioniert.

Anschließend solltet ihr eine kleine Schachtel vorbereiten, in der alle essentiellen Dinge aufbewahrt werden.
Das sind für die standesamtliche Trauung der Personalausweis oder Reisepass und die Ringe.
Daneben lohnt es sich, ein kleines Notfallkit für die Braut zusammenzustellen. Darin sollten unbedingt folgende Dinge sein: Häkelnadel (damit bekommt man ein Brautkleid besonders gut zu), Nähfaden, Nadel, Schere, Klebestreifen, Fashion Tape (um das Brautkleid schnell festkleben zu können), Taschentücher (bei der Trauzeugin oder im eingenähten BH), Aspirin, Baldriantropfen, Taft, Deo, Ersatzstrumpfhose.

Trauzeugen müssen zur standesamtlichen Trauung übrigens auch unbedingt ihren Personalausweis oder Reisepass mitbringen, um sich ausweisen zu können.

Wenn es zeitnah in die Flitterwochen geht und einer von euch den Namen des anderen annimmt, müsst ihr mit dem Standesbeamten früh genug klären, dass ihr sofort am Hochzeitstag euren neuen Reisepass bekommt. Das ist mit einer Vorlaufzeit von bis zu sechs Wochen problemlos möglich und euer Standesbeamter wird euch den neuen Reisepass am Ende der Trauung aushändigen.
In dem Zusammenhang ist es wichtig, dass ihr eine Flugreise dann schon auf den neuen Nachnamen gebucht habt, damit es am Flughafen keine Schwierigkeiten gibt.

Geht es am Tag nach der Hochzeit direkt in die Flitterwochen, solltet ihr am besten drei Tage vor der Trauung schon die Koffer zu Hause fertig gepackt stehen haben.

**Zwei bis drei** Tage vor der Feier solltet ihr dann einmal die Wettervorhersage überprüfen. Dann wird es eine etwa achtzigprozentige Vorhersagewahrscheinlichkeit geben. Bei einer guten Wettervorhersage könnt ihr dann ganz entspannt sein. Fällt die Vorhersage eher schlecht aus, bereitet eure Schlechtwetteralternative entsprechend vor. Wichtig ist dann auch, dass die Mitarbeiter der Location darauf vorbereitet sind, falls der Sektempfang vor der Kirche beispielsweise ausfällt und ihr deshalb schon eher an der Partylocation seid.

Am Tag vor der Trauung bringt ihr dann die Gastgeschenke und Dekoration zur Location und baut sie auf. Auch solltet ihr Notfallkörbchen für die Damen- sowie für die Herrentoilette aufstellen, falls eure Location nicht schon solche Körbchen hat. Eine Liste, was dort alles hineingehört, findet ihr auf unserer Internetseite.

Wenn ihr selbst keine Zeit habt, um bei der Location noch einmal alles zu überprüfen, beauftragt eine Vertrauensperson, die eure Vorstellung genau kennt, mit dieser Aufgabe. Ihr solltet dann noch mal um Fotos oder ein Video mit der aufgebauten Dekoration bitten. So könnt ihr sicher sein, dass alles nach euren Vorstellungen umgesetzt wurde.

Mindestens eine Stunde vor dem geplanten Eintreffen der Hochzeitsgesellschaft sollte in der Location alles fertig aufgebaut und das Personal vollständig vor Ort sein. Klärt unbedingt ab, ob dies der Fall ist, da es immer mal sein kann, dass etwas noch nicht ganz stimmt. So ist genügend Puffer, um bei diesen Unstimmigkeiten rechtzeitig entgegenzusteuern.

## 16.1 Das perfekte Beautyprogramm

Wollt ihr zu eurem Hochzeitstag eine leichte Bräune haben, lohnt es sich, ab etwa zwei bis drei Monate vor eurer Hochzeit regelmäßig auf die Sonnenbank zu gehen. Wie oft und wie lange ihr für das gewünschte Ergebnis braucht, kann euch der Mitarbeiter im Sonnenstudio am besten sagen. Das ist abhängig von eurem Hauttyp.
Alternativ bietet sich eine Bräunungsdusche an, welche ihr etwa drei Tage vor der Trauung besucht. Jedoch sollte das nicht das erste Mal für euch in einer Bräunungsdusche sein. Damit ihr auch wirklich das gewünschte Ergebnis erzielt, probiert die Bräunungsdusche ein paar Wochen vorher einmal aus.

Manche Ehepaare lassen sich vor der Trauung die Zähne bleachen. Das solltet ihr etwa zwei bis vier Wochen vorher machen. Manche Zahnaufhellungsmethoden brauchen einige Zeit, bis sie komplett wirken. Beachtet auch, dass der Termin beim Zahnarzt mitunter ein paar Wochen vorher vereinbart werden muss.

Ihr beide solltet etwa eine Woche vor der Hochzeit noch einmal zu einem euch bekannten Frisör gehen und euch die Haare schneiden lassen.

Einige Tage vor der Hochzeit schließlich empfiehlt sich folgendes Beautyprogramm: Maniküre, Pediküre, Enthaarung, Peeling, Wimpernzupfen. Macht daraus doch einen gemeinsamen Wohlfühltag in einem Spa.

Besonders die letzten paar Tage vor der Hochzeit solltet ihr schließlich keine neuen Produkte mehr testen. Allergische Reaktionen sind dann nicht auszuschließen.

Achtet am letzten Tag vor der Hochzeit darauf, euch zu schonen, und trinkt genug Wasser, damit ihr ausreichend hydriert seid. Abends könnt ihr noch mal eine euch bekannte Feuchtigkeitsmaske auflegen und euch ein wohltuendes Fußbad gönnen. Besonders für die Füße der Braut wird der Hochzeitstag nicht gerade der angenehmste Tag im Leben werden.

# 17. Der Hochzeitstag

Nun ist er gekommen – euer großer Tag! Jetzt zahlt sich all die Arbeit der vergangenen Monate aus und ihr bekommt die Belohnung für all die Mühen.

## 17.1 Die Planung

Das Wichtigste bei der Planung des Ablaufs des eigentlichen Hochzeitstages ist es, nicht jede Minute zu verplanen, sondern bewusst Pausen zwischen den einzelnen Programmpunkten zu lassen. Diese Pausen dienen zum Durchatmen und als Puffer, falls sich einzelne Programmpunkte hinziehen. Es ist fast unvermeidbar, dass der eine oder andere Programmpunkt länger dauert. Aber auch das Gegenteil kann der Fall sein und so ist es hier die Kunst, die Puffer auch nicht zu groß zu gestalten. Denn das könnte wiederum zu langen Pausen führen, in denen sich eure Gäste womöglich langweilen und nichts mit sich anzufangen wissen.

Je mehr Personen auf eurer Feier erscheinen, desto mehr Zeit sollte für jeden Programmpunkt eingeplant werden. Denn es ist ein Unterschied, ob euch beispielsweise nach der Trauung „nur" 40 Leute gratulieren, oder es doch eher 100 sind.
Bei einem Sektempfang nach der Kirche mit 80–100 Personen kann man als Richtwert mit etwa 40 Minuten Gratulationszeit rechnen. Bei mehr oder weniger Gästen verändert sich die einzuplanende Zeit entsprechend.

Eine gute Möglichkeit, diesen Plan zu erstellen oder ihn, wenn er fertig ist, einem kleinen Realitätscheck zu unterziehen, ist, sich den gesamten Tag bildlich vorzustellen und jeweils möglichst realistisch einzuschätzen, wie lange die jeweilige Aktivität dauert.
Durch dieses bildliche Vorstellen fallen einem dann auch vielleicht schon Schwachstellen oder Punkte auf, die einfach länger dauern könnten als geplant. Man sollte sich dann auch schon Alternativen ausdenken. Beispielsweise eine Ausweichmöglichkeit ins Trockene, falls ein Sektempfang im Freien aufgrund von Regen nicht möglich ist.

Das Vorstellen des Tages könnte beispielhaft aus der Perspektive der Braut folgendermaßen aussehen:

1. Der Wecker klingelt und ich stehe gemütlich auf – 15 Min.
2. Ein gemeinsames Frühstück mit den engsten Freundinnen - 60 Min.
3. Duschen und Pealen der Haut sowie Rasieren der Beine - 60 Min.
4. Visagistin/Friseurin schminkt und frisiert mich - 90 Min.
5. Anziehen des Hochzeitskleides, Schmuck etc. - 30 Min.
6. Fahrt zur Traulocation - 20 Min.
7. Trauung - 60 Min.
8. Zeit nach der Kirche – Spalier, Seifenblasen, kleiner Sektempfang - 45 Min.
9. Fahrt zur Partylocation - 30 Min.
...

Nach diesem Prinzip fahrt ihr jetzt fort und stellt euch alles bildlich vor. Bekommt einfach ein Gefühl dafür, wie es sich anfühlt. Dann könnt ihr besser einschätzen, wie lange es jeweils dauert.

Im Gegensatz zu dem Plan, der den Gästen ausgehändigt werden soll, solltet ihr für euch selbst einen genaueren Plan erstellen.

Der genaue Zeitplan bildet sich aus dem Ablaufplan heraus.
Auf dem Zeitplan sollten alle Programmpunkte mit den zugehörigen Start- und Endzeiten stehen. Außerdem könnt ihr hier auch direkt alle beteiligten Dienstleister und Personen dazuschreiben.
Habt ihr den genauen Zeitplan ausgearbeitet, der genug Zeitpuffer enthalten sollte, seht ihr, ob alles stimmig ist oder eventuell noch etwas geändert werden muss.
Zur Erstellung eines Zeitplans eignet sich eine Exceltabelle besonders gut. In ihr bekommt man alles, was man braucht, locker unter, kann sie digital weiterverschicken und ausdrucken.

Ist der Zeitplan fertig ausgearbeitet, kann man diesen an alle Dienstleister schicken. Am einfachsten inklusive der Kontaktadressen zu allen Personen, die im Zeitplan vorkommen.
So können sich die Dienstleister direkt untereinander absprechen, wenn beispielsweise die Torte etwas später als ursprünglich geplant an die Location geliefert wird.
So erlebt ihr einen stressfreieren Hochzeitstag.

Ein beispielhafter Tagesplan könnte am Ende wie folgt aussehen. Ein ausführliches Beispiel bekommt ihr auf unserer Internetseite oder in unserem Arbeitsbuch:

| Wann | Was | Wo | Wer | Was wird benötigt |
|---|---|---|---|---|
| 07.30 | Frühstück aufs Zimmer | Hotel Brautsuite | Braut, Trauzeugin, Bridemaids | Gute Laune, Hochzeitskimonos |
| 08.00 | Beginn Haare Braut | Hotel Brautsuite | Friseurin, Braut | Blumenhaarkranz |
| 09.30 | Bräutigam Make-up | Hotel Bräutigamzimmer | Bräutigam, Trauzeuge, Visagistin, Fotografen | |
| danach | Bräutigam anziehen | Hotel Bräutigamzimmer | Bräutigam, Trauzeuge, Fotografen | Bräutigam Outfit, Accessoires, Ringe |
| 10.00 | Make-up Braut | Hotel Brautsuite | Braut, Bridemaids, Trauzeugin, Visagistin, Fotografen | |
| 11.30 | Anziehen Kleid | Hotel Brautsuite | Braut, Bridemaids, Trauzeugin, Fotografen | Kleid, Schleier, Accessoires |
| 12.00 | Abfahrt Bräutigam zur Kirche | Hotel | Bräutigam, Trauzeuge | Brautwagen |

...

## 17.2 Das Getting Ready

„Getting was?", werden sich jetzt vermutlich einige fragen. Die wohl schönste Umschreibung dieses, wie wir finden, essentiellen Teils eurer Hochzeit, ist dieser kurze Satz: Beim Getting Ready wird eine Frau zur Braut.

Getting Ready meint nicht nur das Stylen der Braut, sondern auch das gesamte Drumherum.
Das Getting Ready darf ruhig auch ein wenig mehr zelebriert werden. Beispielsweise mit einem schönen, gemeinsamen Frühstück mit den engsten Freundinnen beziehungsweise den engsten Freunden auf der Seite des Bräutigams.

Da wären wir auch schon bei der Frage angekommen, wer überhaupt zum Getting Ready eingeladen wird.
Nun, auch hier ist es wie schon bei der gesamten Hochzeit - ihr allein entscheidet! Meist werden zum Getting Ready die zwei bis sechs engsten Freunde eingeladen. Natürlich sind aber auch immer wieder Geschwister, Eltern und sogar Schwiegereltern beim Getting Ready dabei. Falls ihr ein sehr gutes Verhältnis zueinander habt, ist das eine schöne Geste der Verbundenheit zur neuen Familie.
Lasst euch beim Getting Ready auch nicht von irgendwelchen Geschlechterrollen beeinflussen. Habt ihr als Braut beispielsweise einen besten Freund, darf der natürlich auch gerne beim Getting Ready dabei sein.

Für uns so wichtig ist das Getting Ready, da man am Hochzeitstag Energie braucht, und ein entspannter und lockerer Morgen, bei dem nichts in Hektik oder Stress abläuft, kann euch unglaublich viel Kraft für den Tag geben.

## 17.2.1 Wo soll das Getting Ready stattfinden?

Wenn eure Hochzeitslocation schöne Zimmer zum Übernachten anbietet, so ist es empfehlenswert, das Getting Ready dort zu zelebrieren.
Ansonsten kann aber auch auf ein Hotel ausgewichen werden, was möglichst nah an der Traulocation liegt.

Warum aber empfehlen wir euch ein Zimmer außerhalb eures eigenen Zuhauses?
Nun, es ist so, dass man in den eigenen vier Wänden meist nicht so ganz abschalten kann. Besonders nicht am Vorabend und am Morgen seiner eigenen Hochzeit. Dann muss vielleicht noch die Spülmaschine ausgeräumt werden oder ein Nachbar klingelt, weil er irgendetwas wissen möchte.
In einem Hotel kann euch das nicht passieren und ihr habt genug Abstand von der Hektik im eigenen Haushalt. Könnt ihr also gut in anderen Betten schlafen, so empfehlen wir euch unbedingt, im Hotel zu übernachten, selbst wenn das Hotel nur 5 Kilometer von eurem Zuhause entfernt liegt.

Dienstleister wie der Frisör und der Stylist sollten dann morgens zur Getting-Ready-Location kommen. So spart ihr selbst viel hektisches Hin- und Her-Gefahre, was euch am Morgen nur unnötig stressen würde. Holt ihr alle Dienstleister zu euch, dann können sie euch und eure engsten Freunde schön machen, während ihr beispielsweise noch eine letzte Kleinigkeit esst, bevor es dann so richtig losgeht.

Besonders wenn ihr euch für eine ganze Hochzeitsreportage fotografisch begleiten lassen möchtet, achtet bitte darauf, dass alles sauber und aufgeräumt ist. Dabei ist unerheblich, ob das Getting Ready bei euch zu Hause oder in einer externen Location stattfindet.
Auch hierbei liegt ein weiterer Vorteil beim Hotelzimmer. Denn wenn ihr erst am Tag vorher eincheckt, wird garantiert alles sauber sein.
Ihr könnt im Hotel auch freundlich darum bitten, dass das Zimmer morgens, während ihr frühstückt, noch einmal für die Fotos schön hergerichtet wird.
Zu Hause dagegen habt ihr in den letzten Tagen vor der Hochzeit vermutlich Wichtigeres zu tun, als noch einmal in einer großen Aufräumaktion euren gesamten Haushalt auf Vordermann zu bringen.

Den Schmuck, den ihr tragen werdet, solltet ihr am Vortag der Hochzeit schon mal an einem zentralen Ort bereitlegen. Erstens müsst ihr so morgens die verschiedenen Schmuckstücke nicht erst zusammensuchen – ihr könnt sicher sein, dass alles bereit liegt. Und zweitens kann der Fotograf so den Schmuck für Detailaufnahmen so drapieren, wie es am schönsten aussieht.

Manche Paare empfinden ein Ehegelübde als zu persönlich, als dass sie es mit der gesamten Hochzeitsgesellschaft teilen wollen.
Wenn ihr euch dennoch ein paar nette Worte übermitteln wollt, könnte es für euch eine passende Alternative sein, euch gegenseitig einen Brief zu schreiben, den ihr euch am Vortag überreicht und dann getrennt voneinander beim Getting Ready lest.
Vielen Menschen fällt es außerdem leichter, ihre Gefühle in Schriftform mitzuteilen. Ein Tipp, der besonders für die Braut gilt: Lest den Brief, bevor ihr geschminkt werdet, denn sicherlich werdet ihr die ein oder andere Träne schon beim Lesen des Briefes vergießen.

Falls euer Getting Ready unbedingt zu Hause stattfinden soll, beherzigt die folgenden Tipps:

- Es sollte möglichst ein helles Zimmer, mit viel Tageslicht, als Hauptraum ausgewählt werden. So können insbesondere der Visagist und der Fotograf besser arbeiten, denn es gibt kein schöneres Licht als das natürliche Tageslicht.
- Störende Gegenstände und vielleicht sogar Möbel sollten am besten schon drei Tage zuvor weggeräumt werden. So haben eure Gäste und die Dienstleister, die ihr zu euch holt, genug Platz. Wenn ihr das Ganze schon ein paar Tage vorher erledigt, habt ihr außerdem am Vorabend oder gar am Morgen nicht noch damit zu kämpfen.

Schön ist es, das Getting Ready morgens ganz gemütlich mit einem kleinen gemeinsamen Sektfrühstück zu starten. Wenn ihr es bei euch zu Hause macht, klärt bitte vorher ab, welche eurer Freunde das Frühstück vorbereiten. Wer also die Brötchen holt etc ... Um am Ende nicht zu gestresst zu sein, sollte das Getting Ready etwa drei bis fünf Stunden vor der Abfahrt zur Traulocation starten. Natürlich ist das aber auch davon abhängig, wie aufwendig eure Hochzeitsfrisur und das Make-up sind und ob nur ihr selbst oder eventuell auch noch eure Freunde gestylt werden.

Das Kleid werdet ihr natürlich erst ganz zum Schluss, kurz bevor ihr aufbrecht, anziehen. Zu viele Missgeschicke könnten ansonsten noch passieren. Vergesst dann nicht die Schlaufen, an denen das Kleid aufgehangen wird, herauszuschneiden, damit sie nicht im Laufe des Tages herausrutschen.
Damit ihr vorher nicht ganz nackt da sitzt, empfiehlt sich ein sogenannter Hochzeitskimono. Er ist meist aus leichtem, geschmeidigem Stoff und ähnelt einem eleganten Bademantel. Im Internet findet ihr eine große Auswahl an schönen und ganz unterschiedlichen Hochzeitskimonos.
Den Kimono könnt ihr auch personalisieren lassen. Eventuell auch für eure anderen morgendlichen Gäste.
So eignet sich der Kimono dann auch schon perfekt als persönliches kleines Geschenk an die besten Freundinnen.
Ansonsten finden wir aber auch kleine Sektflaschen mit personalisierten Sektgläsern, die jede eurer Freunde und Freundinnen bekommt, sehr nett, gerne noch zusammen mit einem persönlichen Dankesbrief.
Bei den Herren darf es dann gerne auch etwas rustikaler sein. Hier eignet sich beispielsweise ein Flachmann mit dem Hochzeitslogo oder eine gravierte Zigarrenschachtel mit einer edlen Zigarre als Geschenk.

Oft ist es ratsam, dass der Bräutigam vor der Braut fertig ist, damit er in Ruhe schon einmal die Gäste der Hochzeit begrüßen und in Empfang nehmen kann. Die Braut hat dann meist erst während der Trauung ihren großen Auftritt.

## 17.3 First Look

Als First Look wird der Augenblick bezeichnet, an dem sich Bräutigam und Braut am Hochzeitstag das erste Mal sehen. Als Trend aus den USA kommend, findet er immer öfter in Deutschland statt.

Er bietet sich wunderbar als Alternative zum Einzug in die Kirche an. Das First-Look-Ritual ist beispielsweise ideal für euch, wenn ihr die Gäste gemeinsam an der Traulocation begrüßen möchtet. Ebenfalls ist das eine schöne Alternative, wenn ihr sehr nah am Wasser gebaut seid und es euch vor euren Gästen unangenehm ist, zu weinen. Wenn ihr diesen Moment des ersten Aufeinandertreffens einfach ohne großes Publikum für euch haben möchtet.
Ebenfalls bietet sich das Durchführen eines First Look an, wenn das Paarshooting sowieso schon vor der Trauung stattfinden soll. So habt ihr den ganzen Nachmittag Zeit, gemeinsam mit den Gästen Zeit zu verbringen.
Ihr könnt euch die Zeit freier einplanen, sodass ihr auch ein wenig mehr als die üblichen 30 bis 45 Minuten für das Paarshooting aufwenden könnt. Ihr habt schließlich keine Gäste, die geduldig auf euch warten.
Es ist dann natürlich sinnvoll, den First Look an dem Ort stattfinden zu lassen, an dem ihr auch andere tolle Paarfotos schießen könnt.

In der Regel läuft der First Look so ab:

Der Bräutigam wartet an einer schönen Location mit dem Brautstrauß in der Hand auf die Braut und ist mit dem Rücken zur Braut gedreht. Die Braut geht dann langsam auf ihn zu.
Nun gibt es zwei häufig gewählte Alternativen:
1. Die Braut bleibt zwei bis drei Meter hinter dem Bräutigam stehen und er dreht sich langsam um.
2. Die Braut geht ganz nah zum Bräutigam hin und hält ihm die Augen mit den Händen zu. Dann dreht er sich um und beide stehen quasi sofort in einer Umarmung da.

Auch können die Trauzeugen mit eingebunden werden. Sie halten euch in dieser Variante jeweils die Augen zu und lassen zeitgleich los, sodass ihr zwei plötzlich euren Partner vor euch habt.

Oder aber die engsten Freunde und die Familie bilden ein enges Spalier, durch das die Braut langsam zu ihrem Bräutigam geht, der am Ende des Spaliers steht und auf sie wartet.

Ihr seht: Es gibt ganz verschiedene Möglichkeiten, wie ihr das First Look Ritual durchführen könnt. Entscheidet ihr euch dafür, hat euer Fotograf ja auch vielleicht noch eine ganz andere tolle Idee.

## 17.4 Sektempfang vor der Trauung

Wenn ihr eure Gäste gerne schon vor der Trauung begrüßen möchtet, bietet es sich an, einen kleinen Sektempfang vorzubereiten. Er muss wirklich nichts Besonderes sein und dient nur einer ersten Begrüßung.
Vor allem im Sommer ist solch ein kleiner Sektempfang empfehlenswert. Denn bei heißen Temperaturen werden sich eure Gäste über eine erste Kleinigkeit zu trinken freuen. Deswegen solltet ihr hier auch unbedingt neben dem obligatorischen Sekt auch Wasser und Orangensaft zum Trinken anbieten.

Da jeder gerne vorher weiß, was wann passiert, ist der Sektempfang vor der Trauung ein passender Zeitpunkt, um kurz gefasste Tagesabläufe zu verteilen. Dies kann durch den Zeremonienmeister, die Trauzeugen oder aber auch durch einen anderen Helfer erfolgen, der bei der Gelegenheit auch kurz der gesamten Gesellschaft den Tagesablauf erläutert. Dieser Helfer sollte sagen, wann wo was stattfindet. Dabei ist eine grobe Zeiteinteilung mit ungefähren Zeitangaben völlig ausreichend. Er kann auch direkt erwähnen, dass er für etwaige Rückfragen gerne jederzeit zur Verfügung steht.

Findet euer Sektempfang auf einer freien Fläche ohne schattenspendende Bäume oder Gebäude statt, bieten sich Sonnenschirme und Fächer an. Auch könnte man dann kleine Sonnencremetuben verteilen.

## 17.5 Zeremonie

Für den Tagesablauf ist es wichtig, ob die standesamtliche und die kirchliche oder freie Trauung – wenn ihr eine feiert – an demselben Tag stattfinden.
Während dies früher gang und gäbe war, so entspricht dies heute nicht mehr dem Standard. Das ist vor allen Dingen darin begründet, dass alles immer aufwendiger wird und zwei Trauungen an einem Tag schwerer zu koordinieren sind.
Es bietet aber auch Vorteile, beide Trauungen an einem Tag stattfinden zu lassen. So müsst ihr, wenn beides an einem Tag stattfindet, nicht zwei Feiern organisieren. Besonders wenn eure Hochzeitsgesellschaft eine weitere Anreise hat, bietet es sich an, vormittags standesamtlich und nachmittags kirchlich oder frei zu heiraten. Im Standesamt sind dann nur die Familie und die engsten Freunde dabei. Der Rest der Hochzeitsgesellschaft kommt dann erst zur symbolisch wichtigeren Trauung.

Sind euch zwei Trauungen an einem Tag zu anstrengend, so bietet es sich an, die standesamtliche Feier einen Tag vorher stattfinden zu lassen. Dann ist es für eure Gäste mit einer weiten Anreise ebenfalls möglich, beiden Trauungen beizuwohnen.
Eine schöne Idee ist es ansonsten, die Trauungen im genauen Abstand von sechs Monaten zu planen. So habt ihr hinterher quasi alle sechs Monate Hochzeitstag.

## 17.6 Sektempfang nach der Trauung

Ein kleiner Sektempfang – noch bevor ihr in die Traulocation fahrt – ist toll, um allen Gästen, die extra für euch gekommen sind, zu danken. Oftmals ist es so – besonders wenn ihr an eurem langjährigen Wohnort oder Heimatort heiratet – dass auch Leute zur Trauung kommen werden, die ihr nicht explizit eingeladen habt und für die auch keine Plätze in eurer Hochzeitslocation vorgesehen sind.
Hier bietet sich ein kleiner Sektempfang an, an dem alle Gäste teilnehmen.
Dabei müsst ihr hier keinesfalls groß auffahren. Sekt, Orangensaft, Wasser und gegebenenfalls höchstens noch ein paar kleine Snacks sind völlig ausreichend. Es geht hier mehr um die nette Geste, als dass die Leute groß verköstigt werden sollen. Natürlich ist es aber auch ebenso möglich, den Sektempfang mit einer kleinen Band oder einem DJ zur musikalischen Untermalung aufwendiger zu gestalten.

Denkbar wäre auch, dass die Gäste, die noch zur Party eingeladen sind, schon einmal nach und nach in die Hochzeitslocation vorfahren und ihr als Brautpaar als Letzte hinterherkommt. So gibt es dann einerseits keinen Parkplatzstau an der Location und ihr verbringt andererseits noch möglichst viel Zeit auf dem Sektempfang.
An der Location angekommen, werdet ihr dann von der Hochzeitsgesellschaft in Empfang genommen.

Heiratet ihr kirchlich, so könnte der Pfarrer Brot segnen, welches ihr dann symbolisch mit den Gästen brecht. So ein symbolisches Brotbrechen kann natürlich aber auch bei jeder anderen Art von Trauung vollzogen werden und einfach als Zeichen der Verbundenheit zu euren Gästen gesehen werden.

Meist ist es so, dass euch direkt nach der Vermählung alle Gäste gratulieren möchten. Sollte dies nicht von euch gewünscht werden, lasst dies eure Gäste vorher wissen. Die Trauzeugen oder der Trauredner könnte auch ansagen, dass Gratulationen erst an der Hochzeitslocation stattfinden sollen.
Denn das Gratulieren kann, je nachdem wie groß die Hochzeitsgesellschaft ist, eine Menge Zeit in Anspruch nehmen. Pro Person, die euch gratuliert, kann man von etwa 20 Sekunden ausgehen. Rechnet man nun mit 120 Gästen, die einem gratulieren, macht das schon ganze 40 Minuten aus.

Zwischen dem Sektempfang und dem Nachmittagsprogramm kann auch eine Stunde eingeplant werden, die euren Gästen zur freien Verfügung steht. In dieser Zeit können sie sich dann zum Beispiel frisch machen, wenn die Hotelzimmer in der Nähe sind.
Es könnte aber zum Beispiel auch ein kleiner Bereich eingerichtet werden, wo ein Fotograf quasi zur freien Verfügung steht und Bilder von euren Gästen macht.

## 17.7 Zur Partylocation kommen

Für viele Paare ist dieser besondere Tag ein guter Grund, sich einmal das absolute Lieblingsfahrzeug zu mieten. Man heiratet schließlich nur einmal im Leben. Die Preise starten bei 80 € pro Tag. Schnell steigen die Preise jedoch bei beliebten Oldtimern auf 450 € für 3 Stunden oder auf über 750 € für einen ganzen Tag. Das ist auch insbesondere davon abhängig, ob und wie lange ihr einen Fahrer mit zu dem Auto hinzubucht.

Solltet ihr ein Auto mieten, achtet unbedingt darauf, welche Vorschriften es im Hinblick auf den Blumenschmuck am Auto gibt. Grundsätzlich gibt es zwei Befestigungsmethoden. Entweder werden die Blumen mit Magneten oder mit Saugnäpfen befestigt. Zweitere ist in der Regel die schonendere Variante für das Auto. Oftmals bieten Autoverleiher auch direkt Blumengestecke mit an. Diese kosten meist zwischen 80 und 250 Euro. Kommt der Blumenschmuck direkt vom Verleiher, könnt ihr sicher sein, dass er ordnungsgemäß befestigt wurde und nichts am Auto kaputt geht.

Meistens ist mit dem Blumenschmuck eine Maximalgeschwindigkeit von 80 km/h erlaubt. Ansonsten könnte es passieren, dass der Blumenschmuck sich verabschiedet und auf der Straße landet.

Damit in eurer Partylocation alles perfekt für eure Ankunft vorbereitet ist, könntet ihr selbst oder einer eurer Trauzeugen einen Live-Standort bei WhatsApp an einen Verantwortlichen der Location schicken.

Es ist übrigens schön, wenn ihr als Letzte an der Location ankommt. So können eure Gäste ein Spalier für euch bilden. Entweder so, dass ihr mit dem Brautauto durch das Spalier fahrt oder aber zum Einlauf in die Location.

## 17.8 Brautpaarshooting

Beim Brautpaarshooting entstehen nicht nur fantastische Fotos, mit deren Hilfe ihr euch noch lange an euren schönsten Tag im Leben zurückerinnern könnt, sondern ihr habt während des Shootings auch einfach mal ein paar Minuten nur für euch.

Den ganzen Tag werdet ihr umgeben von euren Gästen sein, da kann das Shooting für euch eine willkommene Abwechslung sein, um euch ein bisschen zu entspannen. Wie im Kapitel 17.3, „First Look" schon erwähnt, kann man das Shooting bereits vor der Trauungszeremonie machen, wenn man sich den Tag nicht zerschneiden möchte. Ansonsten ist die beliebteste und wohl auch beste Zeit für ein Fotoshooting die Zeit vor dem Sonnenuntergang. Etwa 30 bis 90 Minuten bevor die Sonne am Horizont verschwindet, herrscht eine ganz besondere Lichtstimmung und die Qualität des Lichtes ist hier besonders hoch. Diese Zeit wird auch die „goldene Stunde" genannt. Das Licht hat in dieser Zeit einen höheren Rotanteil, wodurch alles etwas weicher wirkt.

Euer Fotograf wird euch sagen können, wann lichttechnisch an eurem Hochzeitstag der ideale Zeitpunkt zum Schießen der Fotos ist. Oft bietet sich auch rein organisatorisch die Stunde vor dem Hochzeitsdinner an. Dann haben eure Gäste ebenfalls noch einmal Zeit zum Durchatmen, bevor es dann nach dem Abendessen vermutlich mit der Party losgeht.
Ihr müsst dann auch keine ganz so große Angst haben, dass ihr euch beim Essen bekleckert.
Wollt ihr am Abend eher nicht eine längere Zeit von euren Gästen getrennt sein, könnt ihr den Hauptteil auch zu einer anderen Tageszeit fotografieren und dann am Abend kurz vor Sonnenuntergang nur noch einmal ein paar letzte Fotos machen.
Möglichst vermeiden solltet ihr es aber, bei großer Nachmittagshitze zu shooten.
Fotografiert ihr an nur einer Location, reichen 20 bis 40 Minuten meist als Zeitspanne aus. Wollt ihr Fotos an verschiedenen Locations, kann ein Shooting natürlich auch schon einmal länger dauern.
Legt ihr viel Wert auf abwechslungsreiche Paarfotos, könntet ihr auch überlegen diese an einem anderen Tag zu machen. Eure Hochzeit ist schließlich nicht nur ein großer Fototermin, sondern es kommt vor allem darauf an, eine schöne Zeit zu verbringen.
Hier ist der Vorteil auch, dass ihr euch beliebig viel Zeit für die Fotos nehmen könnt.
Beachtet aber, dass ihr dann selbstverständlich auch noch einmal das ganze Make-up und die Haare so wie am Hochzeitstag gemacht bekommen müsst.
Alternativ oder ergänzend bietet sich auch ein sogenanntes Trash the Dress-Shooting an. Hierbei solltet ihr allerdings keinen Wert darauf legen, dass alles an eurem Outfit heil bleibt.

Natürlich wünscht sich an seinem Hochzeitstag niemand Regen, aber habt mit Blick auf die Fotos keine Angst davor. Ein geübter Fotograf schafft es auch bei Regen, unglaublich tolle Fotos zu machen. Seht es positiv! Schließlich hat nicht jeder Hochzeitsfotos im strömenden Regen. Ihr habt dann echte Unikate.
Wenn es regnet, lassen sich mit einem besonderen Regenschirm und Gummistiefeln lustige Fotos arrangieren. Natürlich müssten diese Utensilien dann aber zuvor besorgt werden.
Solltet ihr dennoch lieber Fotos ohne Regen haben, könnt ihr auch einfach spontan sein und Regenpausen nutzen. Besonders im Sommer regnet es schließlich in den seltensten Fällen den ganzen Tag.

## 17.9 Gruppenfotos

Ein wirklich unverzichtbares Element jeder Hochzeit ist wohl mindestens ein klassisches Gruppenfoto.
Damit alle Gäste auf dem Foto sind, kann man es, wenn die örtlichen Gegebenheiten es zulassen, direkt nach der Trauung schießen. So ist die Wahrscheinlichkeit sehr gering, dass beispielsweise gerade jemand auf Toilette ist.
In jedem Fall sollte das Gruppenfoto als eigener Programmpunkt auf dem Tagesplan stehen.
Am besten ist der Ort ebenfalls schon auf dem Tagesplan notiert. „16.30 Uhr Gruppenfoto vor dem großen Balkon" wäre beispielsweise eine mögliche, kurze Schreibweise.

Das Schießen des Gruppenfotos sollte bei einem geübten Fotografen keinesfalls länger als fünf Minuten dauern. Denn erfahrungsgemäß sind Gäste bei solchen Shootings schnell gereizt und genervt. Und schließlich wollt ihr auf dem Foto ja nicht lauter genervter Gesichter, sondern dass alle glücklich und zufrieden sind.

Bei Gruppen ab 20 Personen ist es von Vorteil, wenn die Gesellschaft entweder auf einer Treppe drapiert wird oder aber der Fotograf von einer erhöhten Position fotografiert.
Ob es eine dieser Möglichkeiten gibt, kann man sich auch schon bei der Locationbesichtigung anschauen und dem Fotografen mitteilen. Es eignen sich freie Flächen vor Fenstern, Mauern und Terrasse besonders gut. Notfalls kann aber auch eine Leiter, von der der Fotograf aus fotografiert, genutzt werden. Dann solltet ihr aber natürlich unbedingt vorher mit der Leitung der Location abklären, ob diese eine Leiter zur Verfügung stellen kann.

Sind schon einmal alle Gäste vereinigt, so könnt ihr auch Fotos in kleineren Gruppen und Konstellationen schießen. Beispiele hierfür sind die enge Familie, Arbeitskollegen oder Vereinsfreunde. Jedoch solltet ihr nicht übertreiben und 20 oder 30 Konstellationen durchfotografieren. Denn jedes Mal dauert es Zeit, bis sich die Leute neu sortiert und aufgestellt haben.
Am einfachsten funktioniert das, wenn ihr eine Liste mit den Konstellationen und auch schon den dazugehörigen Personen vorbereitet. Mit dieser Liste kann dann eine Person, die möglichst viele eurer Gäste persönlich kennt, arbeiten. Immer wenn gerade eine Gruppe fotografiert wird, kann dann diese schon die nächste

Gruppe zusammensuchen. Auch dem Fotografen solltet ihr diese Liste geben, damit er weiß, wie viel Arbeit er noch vor sich hat. Fragt ihr den Fotografen im Vorhinein, wird er euch auch schon sagen können, wie viel Zeit ihr für das Fotografieren der Konstellationen einplanen solltet.
Bei der Reihenfolge der Liste solltet ihr darauf achten, dass die älteren Gäste zuerst fotografiert werden, damit diese nicht zu lange aufgehalten werden und sich gegebenenfalls wieder setzen können.

## 17.10 Brautstraußwurf

Der Brautstraußwurf ist einer der lustigen und besonders unterhaltsamen Augenblicke einer jeden Hochzeit.

Die Trauzeugen sammeln alle unverheirateten Frauen ein, die sich dann hinter die Braut stellen. Diese wirft den Strauß. Diejenige, die den Strauß dann fängt, heiratet der Tradition nach als Nächstes.

Ein guter Zeitpunkt für den Brautstraußwurf ist direkt nach den Gruppenfotos.
Denn dann ist die gesamte Hochzeitsgesellschaft sowieso gerade an einem Punkt versammelt und euer Fotograf steht bereit. So entstehen beim Brautstraußwurf vielleicht auch noch direkt ein paar tolle Fotos.
Oft wird der Brautstrauß aber auch erst nach dem Dinner oder erst nach Mitternacht geworfen. Zweiteres finden wir nicht ideal, da dann nicht mehr alle Gäste bei diesem lustigen Highlight dabei sein können.

Wenn ihr euren Brautstrauß noch behalten oder sogar konservieren wollt, bietet es sich an, einen zweiten, kleineren Strauß binden zu lassen, den ihr für den Brautstraußwurf verwenden könnt. Oder aber – was wir auch schon gesehen haben – ihr werft ein Kuscheltier, welches einen Schleier trägt.
Eine unterhaltsame Alternative kann es ebenfalls sein, wenn anstatt der Braut der Bräutigam etwas zu den unverheirateten Männern wirft.
Neben dem Strauß oder einem Kuscheltier könnte er beispielsweise, wie in England üblich, das Strumpfband seiner Braut werfen.

## 17.11 Wünsche in den Himmel steigen lassen

Tauben, Schmetterlinge, Luftballons und Himmelslaternen: Eines der beliebtesten Rituale bei Hochzeiten ist es, etwas in den Himmel steigen zu lassen. Das sieht zwar sehr schön aus, ist aber oft schädlich für die Umwelt und das Tierwohl. Warum, wollen wir im Folgenden kurz beschreiben und euch dann Alternativen aufzeigen.

Wir wollen nicht den Miesepeter spielen. Wir möchten euch nur bewusst machen, welche Konsequenzen solche Rituale für die Natur haben.

Beachtet, dass vor allem in der Umgebung von Flughäfen es nicht gestattet ist, überhaupt etwas in den Himmel steigen zu lassen.

### Tauben

Zwei weiße Tauben werden in die Freiheit entlassen und fliegen davon. Ein traumhaftes und symbolisch schönes Bild.

Leider sieht die Realität meist anders aus. Denn die Tauben werden sehr intensiv gezüchtet und die tolle Farbe steht dabei im Vordergrund. Die Tiere haben einen so schlechten Orientierungssinn, dass sie nicht zurück in ihren Schlag finden. Weil sie die Freiheit nicht gewohnt sind, verenden sie auf der Suche nach Futter oder werden von Greifvögeln erlegt.

### Schmetterlinge

Hier ist es ganz ähnlich wie bei den Tauben. Die Schmetterlinge werden in Gefangenschaft aufgezogen. Beim Transport werden sie dann zusätzlich unter großen Stress gesetzt. Nachdem sie davongeflogen sind, können sie aber mit ihrer Freiheit nichts anfangen und sterben. Außerdem besteht hier die Gefahr, dass sie einheimische Schmetterlingsarten mit gefährlichen Parasiten infizieren.

### Himmelslaternen

Diese kleinen Feuerschalen, auch als Chinaleuchten bekannt, nutzen das Prinzip eines Heißluftballons. Sie sind aber in allen Bundesländern, außer in Mecklenburg-Vorpommern, verboten. Gerade im Sommer ist es extrem wichtig, sich daran zu halten, da solche Leuchten schnell einen Waldbrand auslösen können.

**Luftballons**

Hier werden oft Wünsche für das Hochzeitspaar an die mit Helium gefüllten Ballons gehangen. Viele Hochzeitspaare packen auch batteriebetriebene Leuchten oder Knicklichter in die Ballons. Dies sieht vielleicht schön aus, ist aber unserer Meinung nach Umweltverschmutzung in der extremsten Variante. Die Batterien oder Knicklichter landen irgendwo im Wald und mit der Zeit gelangen die gesamten Giftstoffe in den Boden.
Lasst die Luftballons einfach am Tag fliegen und schon braucht ihr solche Gadgets nicht. Klar, das Plastik der Luftballons ist auch nicht gerade umweltfreundlich, aber lange nicht so schlimm wie die Giftstoffe durch Batterien. Alternativ findet ihr auf unserer Internetseite auch tolle Luftballons aus Naturlatex. Diese sind natürlich abbaubar und damit für die Umwelt weitaus weniger schädlich.

**Flying Wish Paper**

Fliegende Wunschzettel, auch als Flying Wish Paper bekannt, sind ebenso eine umweltschonende Alternative zu Luftballons und Ähnlichem.
Das sind kleine, dünne Papierchen, auf die jeder Gast einen Wunsch für das Brautpaar schreibt. Anschließend werden sie angezündet und fliegen dann kurz in die Höhe und verbrennen.
Diese müssen allerdings im Inneren entzündet werden, da sie bei Wind nicht hochfliegen. Sprecht also zuvor mit den Betreibern eurer Location ab, ob das okay ist.
Ihr findet sie ebenfalls auf unserer Internetseite.

## 17.12 Hochzeitsrede

Vor dem Dinner ist als Zeichen des Dankes eine kleine Rede durch euch beide oder auch nur einen von euch eine nette Geste. Dabei könnt ihr euch auch abwechseln.

Die Rede sollte idealerweise eine Länge von etwa vier bis acht Minuten haben und nicht zu ausufernd werden.

Hat eure Rede auch ein paar lustige Stellen, kann das die Stimmung sehr gut auflockern. Stellt aber dennoch bitte niemanden in eurer Rede bloß. Es sollte immer ein gewisser Respekt bestehen bleiben. Denkt insbesondere auch an eure älteren Gäste.

Am schönsten ist natürlich eine völlig selbst geschriebene Rede; ihr könnt euch aber natürlich auch Inspirationen holen. Allerdings würden wir euch raten, erst mal selbst eine Rede zu schreiben, bevor ihr euch andere Reden anschaut.
Ihr könnt fehlende Punkte hinterher in eurer Rede ergänzen.

Eine perfekte Rede enthält folgende Punkte:

1. Begrüßung: Hier sprecht ihr alle Gäste an und sagt, wie sehr ihr euch über ihr Erscheinen freut und wie wichtig es für euch ist, mit allen gemeinsam euren großen Tag zu feiern.

2. Danksagung: Ihr dankt euren Gästen für das Kommen, die Geschenke und die jahrelangen Freundschaften und Unterstützung in allen Lebenslagen und für die Hochzeitsvorbereitungen.

3. Vorstellung: Ihr müsst nicht jeden eurer Gäste einzeln vorstellen, aber es ist schön, wenn ihr einzelne Tische oder die Gruppierungen vorstellt, die an den Tischen sitzen. So hat jeder auf der Hochzeit einen groben Überblick und es können sich auch Gesprächsthemen unter den Gästen, die sich noch nicht kennen, entwickeln.
Einzelne Personen können noch hervorgehoben werden, wenn sie besonders wichtig sind, bei der Planung geholfen haben oder aufgrund ihres Alters oder des Wohnorts eine beschwerliche oder lange Anreise hatten.

4. Über euch: Hier solltet ihr natürlich nicht eure gemeinsame Lebensgeschichte in allen Details ausbreiten. Vielmehr könnt ihr hier erzählen, wie ihr euch kennengelernt habt oder ein paar lustige beziehungsweise romantische Geschichten aus eurem Leben erzählen. Wann und wie habt ihr den Entschluss gefasst, zu heiraten?

5. Liebeserklärung: Hier macht ihr euch gegenseitig eine kurze Liebeserklärung. Klassisch fängt der Bräutigam an und die Braut erwidert. Fasst kurz zusammen, warum ihr euch liebt und was ihr an dem anderen besonders schätzt.

6. Weiterer Ablauf: Hier erklärt ihr, wie der Tag ab jetzt weitergeht. Außerdem könnt ihr die Band oder den DJ vorstellen. Erwähnt bei einem DJ auch, dass Musikwünsche gerne entgegengenommen werden. In machen Locations müssen die Autos am kommenden Tag bis zu einer bestimmten Uhrzeit in der Location abgeholt werden. Solche Infos könnt ihr ebenfalls erwähnen.

7. Buffeteröffnung: Schließlich eröffnet ihr das Buffet. Dabei ist es sinnvoll, dass die Tische erst nacheinander zum Buffet gehen, damit kein Chaos entsteht und tischweise immer alle in etwa zeitgleich ihr Essen haben.

> Beispiel:
> Eine lustige Idee ist es, dass zu jedem Tisch ein Lied gehört. Wird dieses Lied gespielt, darf der Tisch sich dann auf den Weg zum Buffet machen. Die Tischlieder könnt ihr dabei thematisch auswählen. Sitzen an einem Tisch Freunde aus dem Fußballverein, kann zum Beispiel die Vereinshymne gespielt werden. Sitzen an einem Tisch die Freunde aus der Schulzeit, kann ein Song aus eurer gemeinsamen Zeit gespielt werden und so weiter.

Zu der Rede könntet ihr auch eine Diashow laufen lassen. Dafür eignen sich entweder nur Fotos aus der gemeinsamen Zeit oder auch Fotos vom gesamten Leben. Besonders lustige Kinderfotos kommen immer sehr gut an.

Spätestens nach der Hochzeitsrede sollte der Bräutigam sein Sakko ausziehen. Denn klassischerweise ist es den männlichen Gästen erst erlaubt, ihr Sakko auszuziehen, wenn der Bräutigam seines abgelegt hat.

## 17.12.1 Beispielrede

Eine gemeinsam gehaltene Hochzeitsrede könnte beispielsweise so aussehen:

Bräutigam: Liebe Gäste,

Ein weiteres Mal heißen wir euch herzlich willkommen zu unserer Hochzeitsfeier in der Villa Kalles. Wir freuen uns sehr, dass ihr unserer Einladung gefolgt und so zahlreich erschienen seid. Heute ist der wohl wichtigste Tag in unserem bisherigen Leben. Wir legen den Grundstein für eine gemeinsame Familie.

Braut: Diesen Schritt mit euch allen zusammen zu feiern macht uns sehr glücklich. Wir sind glücklich, dass ihr alle hier seid, mit uns lacht, esst und gleich noch kräftig tanzt. An einem Tag wie heute ist es nicht einfach für uns, die richtigen Worte zu finden, um unserer Dankbarkeit genügend Ausdruck zu verleihen. Vielen Dank für die lieben Worte und Glückwünsche; wir werden sie immer in uns tragen.

Bräutigam: Zuallererst möchten wir uns für euer Kommen bedanken. Ebenso danken wir euch für die vielen Geschenke, die wir uns noch gar nicht alle angucken konnten. Und den größten Dank habt ihr für die vielen wundervollen Momente, die ihr uns heute schon beschert habt, verdient. Eure Anwesenheit bereichert unser Fest und macht es zu etwas ganz Besonderem für uns.

Braut: Viele von euch kennen sich untereinander noch nicht persönlich. Aus diesem Grund möchte ich ganz grob eine Vorstellungsrunde machen.
Eine Sandkastenfreundschaft ist schon etwas ganz Besonderes. Ich kann mich glücklich schätzen, dass ich gleich sechs davon habe. An Tisch drei sitzen meine verrückten Mädels, danke für eure Freundschaft über all die vielen Jahre!
Danke auch an alle, die über die Jahre hinzugekommen sind. Ihr würdet mir sehr fehlen, wenn es euch nicht geben würde. Sie sitzen hauptsächlich an Tisch 4, wo auch unsere Unifreunde sitzen. Wir haben wirklich die längsten Nächte durchgemacht – natürlich nur bei der langen Lernnacht in der Bibliothek, Mama und Papa! Ihr kennt doch eure Tochter!

Bräutigam: An Tisch 5 sitzen unsere Freunde aus dem Handballverein. Jungs – danke, dass ihr heute samt Begleitung hier seid. Und kämpft in zwei Wochen beim

Pokalspiel für mich mit. Ich werde sicherlich an euch denken, während ich am Strand meinen Cocktail genieße.

Ein besonderer Dank gilt dir und deiner Familie, Onkel Jack. Vielen Dank, dass ihr extra aus den USA angereist seid, um diesen Tag mit uns zu verbringen. Wir wissen, dass ihr gerne nach Deutschland kommt, aber sehen es nicht als Selbstverständlichkeit an, dass ihr extra für uns kommt. Sie sitzen an Tisch 6.

Braut: Wo wir gerade bei den beschwerlichen Anreisen sind, freuen wir uns sehr, dass Tante Liesel es nach ihrer Hüft-OP geschafft hat, hierherzukommen. Unglaublich, wie gut du schon wieder laufen kannst. Aber ich glaube, wir alle wussten, dass du dir diese Party nicht entgehen lassen wirst. Wir haben auf jeden Fall gleich noch ein Date auf der Tanzfläche.

Bräutigam: Der wohl größte Dank gebührt aber unseren wunderbaren Trauzeugen Marie und Christian und unseren Eltern und Familien, die uns bei den Vorbereitungen zu dieser Feier sehr unterstützt haben. Meinen Schwiegereltern möchte ich noch sagen, dass ich mich stets sehr willkommen bei euch gefühlt habe und es mir eine große Freude ist, jetzt ein Teil eurer Familie sein zu dürfen. Sie alle sitzen gemeinsam mit uns hier an Tisch 1 und 2.

Jetzt, wo wir euch alle gegenseitig ein bisschen vorgestellt haben, erwartet ihr sicher, dass ich euch von unserem ersten Treffen erzähle. Leider hat mir Laura das verboten. Sie meinte, es würde reichen, wenn ihr Make-up einmal an Tag verläuft. Ein zweites Mal wäre wirklich zu viel des Guten. Weil ich nicht bereits am ersten Tag unserer Ehe Streit mit dir haben möchte, Schatz, folge ich deinem Wunsch natürlich.

Weil ich jetzt aber noch zwei Minuten Redezeit habe, würde ich dir gerne einmal sagen, was du für mich bedeutest.

Es gibt da ein Sprichwort, das sagt: Heirate nicht jemanden, mit dem du zusammen leben könntest, sondern jemanden, ohne den du nicht leben kannst. Und ich denke, das bringt es auf den Punkt. Das habe ich spätestens vor 2 Jahren während meines Auslandssemesters in Paris gemerkt. Wir waren zwar nur 400 Kilometer Luftlinie voneinander entfernt, aber es hat sich angefühlt, als würde ich auf einem anderen Kontinent leben. Du hast mich alle vier Wochen besucht und wir verbrachten die schönsten Wochenenden meines Lebens miteinander. Sobald du weg warst, dachte ich nur daran, dich in vier Wochen endlich wieder zu sehen. Klar – der Alltag sieht anders aus, aber selbst der Alltag mit dir zusammen ist tausendmal erfüllender als jedes Abenteuer.

Laura, ich liebe dich so sehr und du machst jeden Tag zu einem besseren Tag.

Braut: Wow, damit hätte ich jetzt nicht gerechnet. An dieser Stelle wollte ich euch eigentlich sagen, was ich alles an Max liebe – Frauen sollen in so etwas ja besser sein als Männer.
Aber man sagt uns Frauen ja auch nach, dass wir schon von der Kindheit an die perfekte Hochzeit im Kopf haben. Wir wollen eine Prinzessin sein. Ich kann euch sagen – das war bei mir nie so. Ich wollte nie eine Prinzessin sein. Ich habe mich selbst immer mehr als Lara Croft gesehen und nicht als Cinderella. Aber durch dich, Max, habe ich gelernt, dass ich nicht immer die starke Frau sein muss, dass ich auch einmal weich sein kann. Und weißt du, wieso? Weil du mir gezeigt hast, dass man sich selbst auch mal eingestehen kann, schwach zu sein. Wir sind zusammen durch schwere Zeiten gegangen und haben uns gegenseitig aufgefangen. Dafür möchte ich dir heute aus tiefstem Herzen danken!
Zusammen sind wir viel stärker als alleine. Wir sind gemeinsam schwach und vor allem aber gemeinsam stark.
„Und das mit der perfekten Hochzeit?", fragt ihr euch jetzt sicher. Max ist halt wirklich gut darin, Überzeugungsarbeit zu leisten. Deswegen bin ich heute für einen Tag doch Cinderella.

Bräutigam: Danke, Laura! Habe ich euch nicht gesagt, dass sie eine Klasse-Frau ist? Ein Toast auf Laura!

Zum weiteren Ablauf des Tages: Das Dessert wird es in Form unserer Hochzeitstorte gegen 21 Uhr im Park geben. Danach werden wir dann das Tanzbein im blauen Saal schwingen und auf eine großartige Partystimmung hoffen.
Unser DJ Markus ist übrigens für alle Musikwünsche offen, sprecht ihn einfach an. Danke, Markus, schon einmal!
Für die besonders Hungrigen gibt's dann um Mitternacht noch eine kleine Stärkung in Form einer leckeren Currywurst.

Braut: Lasst uns nun das Glas erheben und zusammen auf diese Hochzeit anstoßen, auf eine fantastische Hochzeitsgesellschaft, ein einmaliges Fest und auf viele schöne Erinnerungen und Emotionen. Auf die Liebe!

Zusammen: Das Buffet ist eröffnet.

## 17.13 Hochzeitsdinner

Insgesamt nimmt das Essen inklusive der Reden meistens eineinhalb bis zweieinhalb Stunden ein.

Vermutlich wird das Hochzeitsdinner zwischen 8.00 und 9.00 Uhr beendet sein und die Party kann losgehen. Beim Feiern verbrennt man natürlich auch so einiges an Kalorien und so solltet ihr auch einen Mitternachtssnack einplanen. Klar kann man auch das Buffet noch stehen lassen und die Gäste können sich noch nach Belieben daran bedienen. Doch ganz ehrlich? Meist wird das Essen oder zumindest die Präsentation des Essens nicht mehr ganz appetitlich wirken und die Gäste werden sich eher weniger daran bedienen.
Weil gegen Mitternacht bis 1.00 Uhr morgens viele noch mal etwas Appetit bekommen werden, bietet es sich an, einen kleinen Mitternachtssnack zu servieren. Da viele eurer Gäste vermutlich nicht mehr ganz nüchtern sein werden, bieten sich hier deftige Sachen besonders gut an.

Der Klassiker unter den Mitternachtssnacks ist die Currywurst. Aber auch ein Chili con Carne oder ein Gulasch kommt immer gut an.
Soll es eher etwas Kaltes sein, sind auch deftig belegte Brote oder eine Käseplatte super. Für Vegetarier und Veganer ist ein Chili sin Carne eine tolle Idee. Also ein Chili, bei dem das Fleisch zum Beispiel durch Linsen ersetzt wird.
All diese Varianten haben den Vorteil, dass sie auch mal ein paar Stunden stehen können, ohne dass sie unappetitlich werden und eure Gäste können sich im Verlauf des Abends immer wieder daran bedienen.
Planen solltet ihr etwa mit zwei Drittel der Portionen, die ihr für das Dinner geplant habt.

## 17.14 Hochzeitstorte

Zum Servieren der Hochzeitstorte gibt es zwei besonders sinnvolle Zeitpunkte:

Einmal direkt nach dem Dinner-Nachtisch. Dann ist es sinnvoll, noch eine erfrischende Alternative, wie ein Sorbet, anzubieten. Denn nicht alle Gäste haben

nach einem ausgedehnten Abendessen Lust, direkt ein Stück Torte hinterher zu essen.
Bei manchen Locations, die eine eigene Küche haben, wird dann allerdings ein Tellergeld fällig, weil ihr natürlich an Nachtisch spart. Bevor ihr plant, die Torte als Nachtisch zu servieren, solltet ihr das also mit der Location absprechen.

Der zweite günstige Zeitpunkt, um die Torte zu servieren, ist nachmittags zu Kaffee und Kuchen.
Wenn eure Torte ausreichend groß ist und aus verschiedenen Stockwerken mit unterschiedlichen Geschmacksrichtungen besteht, reicht sie mitunter aus. Ansonsten könnt ihr noch kleinere Kuchen oder Cake-Pops dazu servieren.

Ein paar Mal haben wir es schon erlebt, dass die Torte erst um Mitternacht serviert wurde. Davon raten wir euch aus mehreren Gründen ab:

Zum einen möchten angetrunkene Gäste nachts eher etwas Herzhaftes und keine süße Hochzeitstorte essen.

Der zweite Punkt, der dagegen spricht, ist, dass vermutlich einige eurer Gäste, die vielleicht etwas älter sind oder kleine Kinder haben, um 12.00 Uhr nachts schon gar nicht mehr da sind. Es wäre doch wirklich schade, wenn ihr diesen Programmpunkt nicht mit allen Gästen teilen könntet.

Drittens wird die Party vermutlich gerade in vollem Gange sein. Die Unterbrechung durch das Anschneiden der Hochzeitstorte könnte da der Stimmung Abbruch tun und einige eurer Gäste könnten die Gelegenheit nutzen, kurz nach dem Anschneiden der Hochzeitstorte schon zu gehen. Das liegt vermutlich nicht in eurem Interesse und ihr würdet gerne möglichst lange mit allen Gästen feiern.

Klassischerweise ist es so, dass die Hochzeitstorte gemeinsam durch das Brautpaar angeschnitten wird.
Ihr als Hochzeitspaar solltet die Torte aber möglichst nur anschneiden und die ersten paar Stücke der Torte gemeinsam herausgeben. Den Rest der Torte können dann die Servicemitarbeiter eurer Location schneiden.
Ihr habt schließlich an eurem schönsten Tag Besseres zu tun, als eine gesamte Torte zu schneiden und zu verteilen.
Natürlich muss das aber mit der Leitung der Location abgesprochen werden, damit genügend Personal eingeplant werden kann. Die Torte wird nach dem schneiden entweder serviert oder die Gäste holen sich ihre Stücke selbst ab.

## 17.15 Eröffnungstanz

Der Hochzeitstanz kommt meistens relativ zeitnah, nachdem das Dinner beendet wurde, und ist eine Art Bindeglied vom Tagesprogramm zur Party. Meistens beginnt die Party zwischen 21 und 22 Uhr.

Wichtig ist, dass ihr euch von niemandem verrückt machen lassen solltet. Wenn ihr einfach keine Tänzer seid und auch keine Lust darauf habt, zu tanzen, lasst es einfach. Alternativ könnt ihr auch „nur" einen einfachen Walzer tanzen. Die Grundschritte lassen sich dabei problemlos innerhalb einer halben Stunde mit Hilfe eines Youtube-Videos erlernen. Einen Link zu einem guten Video findet ihr auf unserer Internetseite. Vielleicht bietet sich ja auch ein ganzer Online-Tanzkurs für euch an? Einen Link gibt's ebenfalls auf unserer Seite.
Ansonsten bietet nahezu jede Tanzschule einen Hochzeitstanz-Crashkurs an. Neben dem langsamen Walzer lernt ihr dann auch die Grundlagen des Wiener Walzers und Discofox.
Meist besteht ein solcher Kurs aus vier Terminen à 90 Minuten und kostet zwischen 50 und 80 Euro pro Person.
Wir haben schon mit einigen Hochzeitspaaren gesprochen, die bei einem solchen Kurs ihre Leidenschaft fürs Tanzen entdeckt und ein gemeinsames Hobby gefunden haben.

Das Wichtigste beim Eröffnungstanz ist der Spaß an der Sache. Es muss nicht jeder Schritt perfekt sitzen. Mit der richtigen Ausstrahlung, die durch Spaß automatisch kommt, werdet ihr viel mehr überzeugen können als mit einer starren Choreografie.

Das Paartanzen von euch allein sollte nicht länger als drei bis vier Minuten dauern, bevor die anderen Gäste dazu kommen.

Traditionell tanzt ihr dabei mit der Brautmutter und dem Vater des Bräutigams. Dann kommen die Trauzeugen dazu, bevor sich die Tanzfläche schließlich auch mit den anderen Gästen füllt.
Kommen die Leute nicht von allein nach und nach zum Tanzen, könnt ihr mit den Fingern auf Gäste zeigen und Augenkontakt halten. So können euch die Gäste kaum widerstehen und werden anfangen zu tanzen. Wenn nach dem ersten langsamen Walzer schnellere und modernere Musik gespielt wird, ist es vermutlich einfacher, mehr Gäste auf die Tanzfläche zu bekommen.

Habt ihr beide besonders viel Spaß am Tanzen, kommt natürlich auch eine kleine Choreografie in Frage. Dabei wird meist zu einem Medley aus verschiedenen Liedern getanzt. Jedoch erfordert das einiges an Übung und Training. Besonders wenn ihr noch nie so richtig getanzt habt, ist es ratsam, sich dafür an einen Profi zu wenden. So bekommt ihr auch als ungeübte Tänzer eine Performance zusammengestellt, die etwas hermacht. Der Tanztrainer wird dann zusammen mit euch sicher das passende Medley finden. Natürlich könnt ihr aber auch euren DJ fragen oder selbst ein wenig auf YouTube stöbern und nach dem für euch passenden Song suchen. Hier gibt es auch schon fertig geschnittene Choreo-Songs, zu denen man gut tanzen kann.

Eine Länge von zwei bis drei Minuten reicht dabei völlig aus und ist auch anstrengend genug. Besonders in der Festtagskleidung, die ihr anhaben werdet.

Natürlich ist es wichtig, dass das Medley zu euch und der fröhlichen Stimmung des Tages passt.

Vor dem Eröffnungstanz könnten Wunderkerzen an die Gäste verteilt werden. Das gibt eine besonders schöne Atmosphäre und Fotos, wenn euer Fotograf noch anwesend ist.

Im Handel bekommt man Wunderkerzen mit verschiedenen Brennzeiten. Die gängigsten Zeiten sind 30, 60 und 90 Sekunden. Kauft möglichst die Längsten, da es erfahrungsgemäß immer etwas dauert, bis alle Kerzen angezündet sind. Es wäre doch schade, wenn die Ersten schon abgebrannt sind, während manche Kerzen noch gar nicht richtig brennen. Ihr solltet auch daran denken, dass genügend Feuerzeuge bereitstehen.

Qualitativ gute Wunderkerzen findet ihr auf unserer Internetseite.

Natürlich muss mit der Location im Vorhinein abgeklärt werden, ob das Anzünden innerhalb der Räume erlaubt ist, da eine potenzielle Brandgefahr besteht und das Abbrennen der Wunderkerzen auch mit einer Geruchsbelästigung einhergeht. Besonders in antiken Räumlichkeiten ohne Lüftungsanlage könnte dies problematisch sein.

Für die weiblichen Gäste auf der Hochzeit, die zum Teil den gesamten Tag auf hohen Schuhen gelaufen sind, könnt ihr einen Korb mit Flip-Flops in verschiedenen Größen bereitstellen.

Vielleicht noch mit einer prägnanten Aufforderung versehen, wie „Tanzen, Mädels". Dann wird eure Tanzfläche bestimmt schnell gestürmt.

Auch als Gastgeschenk an den Stühlen befestigt, machen sich Flip-Flops gut.

## 17.16 Die Party

Direkt nach dem Eröffnungstanz geht es mit der Party los. Habt ihr nicht noch ein Highlight, wie ein Feuerwerk, anstehen, endet hier der geplante Teil eurer Feier. Wir persönlich finden es am besten, wenn die Party erst startet, wenn wirklich alle Programmpunkte eurer Hochzeit abgeschlossen sind. Denn jedes Mal, wenn die Party durch einen Programmpunkt unterbrochen wird, kann das dazu führen, dass einzelne Gäste die Gelegenheit nutzen, um zu gehen.

Natürlich solltet ihr nicht versuchen, die Leute zwanghaft auf der Party zu behalten. Aber es ist doch schön, wenn man möglichst lange zusammen Spaß haben kann.

Spätestens ab jetzt könnt ihr die ganze Aufregung hinter euch lassen und nur noch feiern. Es kann nichts mehr schiefgehen!

## 17.17 Feuerwerk

Ein Feuerwerk ist eine sehr schöne Sache – keine Frage. Doch in Deutschland sind Feuerwerke durch den Gesetzgeber stark reguliert und nicht jeder darf nach Belieben ein eigenes Feuerwerk abschießen.

Wenn es um das Thema Feuerwerk geht, ist euer erster Ansprechpartner in jedem Fall der Manager der Location. Er weiß, was speziell in der Stadt, in der die Location steht, erlaubt ist. Das kann sehr verschieden sein und ist auch davon abhängig, wo innerhalb einer Stadt die Location angesiedelt ist. Steht die Location beispielsweise in der Nähe eines Naturschutzgebiets, so könnt ihr davon ausgehen, dass ein Feuerwerk in keinem Fall erlaubt sein wird.

Generell ist es so, dass Feuerwerke der Klasse F2 an Privatpersonen nur innerhalb der letzte drei Werktage vor Silvester verkauft werden dürfen. Höhere Klassen werden grundsätzlich nur an ausgebildete Pyrotechniker verkauft.

Wir raten euch so oder so vom selbst gezündeten Feuerwerk ab. Abgesehen davon, dass wohl die wenigsten Locationbetreiber das Abschießen des Feuerwerks durch einen Amateur erlauben werden, ist ein durch einen Profi gezündetes Feuerwerk auch einfach um ein Vielfaches schöner.

Ein Profi wird ein Feuerwerk arrangieren, bei dem genau passend zur Musik die einzelnen Raketen und Effekte gezündet werden.

Als mindestens genauso atemberaubende und auch noch günstigere Alternative bietet sich eine Feuershow durch einen Feuerkünstler an. Das ist eine kurze Showeinlage, bei der eine oder mehrere Personen mit verschiedenen Werkzeugen akrobatische Einlagen mit Hilfe von Fackeln und anderen brennenden Gegenständen präsentieren. Solche Showeinlagen sind auf Hochzeiten recht selten, wodurch sie eure Hochzeit noch einzigartiger machen.

Außerdem ist es deutlich umwelt- und tierwohlschonender und die in der Nachbarschaft lebenden Leute werden nicht gestört.

Eine weitere Alternative ist es, ein Herz aus Fackeln, Kerzen oder Teelichtern zu entzünden.

## 18. No-Gos

Wie im ganzen Buch bereits mehrfach erwähnt, gibt es eigentlich keine No-Gos und erlaubt ist, was euch ganz persönlich gefällt. Da es eure Hochzeit ist, seid ihr auch der Boss und dürft entscheiden.

Ein No-Go gibt es aber tatsächlich: So primitiv es vielleicht auch klingen mag, aber zu keinem Zeitpunkt der Hochzeit sollten eure Gäste ohne Verpflegung dastehen. Das gilt insbesondere an heißen Sommertagen auch für Getränke.
Aber auch bei Programmpunkten, wie bei einem Sektempfang nach der Trauung, sollten schon Kleinigkeiten zum Essen bereitstehen. Selbstverständlich reichen hier Snacks wie gefüllte Blätterteigtaschen oder Muffins.

No-Gos können aber vor allem von den Gästen geplante Aktionen sein, die euch nicht gefallen.
Dies können etwa Hochzeitsspiele oder Hochzeitsbräuche sein, die von euren Gästen geplant sind und einfach nicht zu euch passen.

Brautentführungen sind für uns generell eins dieser No-Gos und besonders fürs Hochzeitspaar sind sie eigentlich nie lustig. Ihr solltet unbedingt vor der Hochzeit mit dem Zeremonienmeister oder den Trauzeugen abklären, ob ihr eine Brautentführung mitmachen würdet oder nicht.
Der Grund, warum wir nichts von Brautentführungen halten, ist, dass meistens die Hochzeitsgesellschaft zerrissen wird und der gesamte Tagesablauf ins Wanken kommt.

> Anekdote:
> Wir haben schon erlebt, dass eine Braut kurz nach dem Essen um 20.30 Uhr entführt wurde und erst um 2.00 Uhr nachts wiederkam. Die meisten der Gäste waren zu diesem späten Zeitpunkt schon weg, weil die Party ohne die Braut nicht in Gang gekommen war. Ihr könnt euch sicher vorstellen, dass sich die Braut ihren großen Tag ganz anders vorgestellt hatte.

Ein weiteres Spiel, was meist unpassend ist, ist das Bräutigamfüttern. Dabei wird auf ein Bettlaken ein ausgestopfter Babystrampler genäht und dem Bräutigam übergeworfen. Die Braut sitzt dann hinter dem Bräutigam und füttert ihn mit verschiedenen Sachen, die ihr in die Hand gegeben werden, ohne zu sehen, was sie da wirklich macht. Auch wenn das Spiel anfangs noch ganz lustig ist, geht es oftmals schnell nach hinten los. Denn je nachdem kann es sehr peinlich werden und der Bräutigam ist hinterher völlig verdreckt, wenn beispielsweise eine Flasche Bier nicht ganz den Mund trifft.

Ein Übereinstimmungsspiel, bei dem das Brautpaar Rücken an Rücken zueinander sitzt und verschiedene Fragen beantworten soll, kann ebenfalls oft schnell unangenehm werden. Wenn ihr dennoch offen dafür seid, sollten die Fragen nicht zu weit unter die Gürtellinie gehen. Denn es gibt sicher schönere Dinge, als dass eure Großeltern wissen, welche sexuellen Vorlieben ihr im Detail habt. Außerdem sollten die Fragen auch wirklich einen Bezug zu euch aufweisen. Standardfragen aus dem Internet sind eher langweilig.

Generell gilt noch für alle Spiele und Aktivitäten, dass darauf geachtet werden sollte, dass sie nicht zu lange dauern, weil es sonst schnell eintönig und langweilig werden kann.

Beachtet, dass nicht jedem alles passen kann und vielleicht einige eurer Gäste Punkte an eurer Hochzeit kritisieren und als No-Go abstempeln werden.

Die meisten Leute werden schon auf anderen Hochzeiten gewesen sein und vergleichen eure Hochzeit damit. Solltet ihr so etwas mitbekommen, versucht es nicht zu beachten. Schließlich habt ihr den Tag so gestaltet, wie er euch gefällt. Kritik beinhaltet oft auch eine Form des Neides. Tretet dem einfach mit dem Motto „Deine Kritik ist meine Anerkennung" entgegen.

## 19. Nach der Hochzeit ist vor der Arbeit

Herzlichen Glückwunsch – ihr seid nun ein waschechtes Ehepaar! Ihr habt den Tag hoffentlich sehr genossen. Nach eurem großen Tag gibt es allerdings noch einiges zu tun, bevor das Projekt Hochzeit vollständig abgeschlossen ist. Eine vollständige Checkliste zum Abhaken der einzelnen Punkte bekommt ihr auf unserer Internetseite.
Hier nur einige der wichtigsten Punkte:

Am Tag nach der Hochzeit werdet ihr vermutlich noch einmal zur Location fahren und alle Dinge, die euch gehören, mitnehmen. Nehmt auf jeden Fall auch jeweils mindestens ein Teil der gesamten Papeterie wie etwa die Menükarten mit und verstaut sie in einer Erinnerungskiste.
Zu Hause angekommen, solltet ihr beim Auspacken der Geschenke in eurer Gästeliste ergänzen, von wem ihr was geschenkt bekommen habt. So könnt ihr bei den Dankeskarten gezielt auf die Geschenke der verschiedenen Gäste eingehen.

Die Kleidung, insbesondere das Hochzeitskleid, solltet ihr so schnell wie möglich in die Reinigung bringen. Habt ihr ein Trash the Dress-Shooting geplant, ist das natürlich nicht notwendig.
Auch solltet ihr offene Rechnungen von Dienstleistern und Künstlern bezahlen.

In den Wochen nach der Hochzeit sollten doppelte Versicherungen gekündigt und zusammengelegt werden. Das gilt auch für die Krankenversicherung, falls für euch eine Familienversicherung in Frage kommt. Das ist bei der gesetzlichen Krankenkasse der Fall, wenn einer von euch weniger als 450 Euro im Monat verdient.

Hat einer von euch den Namen des anderen angenommen? Dann solltet ihr, wenn nicht schon geschehen, schnellstmöglich neue Dokumente wie Personalausweis, Reisepass und Führerschein beantragen.
Natürlich müssen auch Arbeitgeber, Kunden und Kollegen informiert werden.
Ebenfalls solltet ihr euch bei Versicherungen und Banken sowie bei allen Dienstleistern, mit denen ihr laufende Verträge habt, ummelden. Das könnte beispielsweise euer Stromlieferant oder euer Mobilfunkanbieter sein.

Zu guter Letzt ändert ihr euer Klingelschild und eure Profile in sozialen Netzwerken. Zur Sicherheit solltet ihr in der ersten Zeit noch euren alten Nachnamen in Klammern dahintersetzen.

## 19.1 Danksagungen

Es war hoffentlich ein wundervoller Tag und euch und euren Gästen hat es extrem gut gefallen. Mit Sicherheit habt ihr viel Lob von Freunden und der Familie erhalten. Nun ist es an der Zeit, euch bei euren Gästen für die Geschenke zu bedanken.

Die Dankeskarten solltet ihr spätestens nach sechs bis acht Wochen verschicken.
Die einfachste, aber auch unpersönlichste Variante ist es, eine kurze Nachricht via WhatsApp zu versenden. Schöner sind natürlich Dankeskarten, die ihr per Post verschickt.
Als Motiv für die Dankeskarten eignen sich entweder ein oder mehrere schöne Fotos von euch, was ihr allen schickt, oder aber ihr gestaltet für jeden eurer Gäste eine individuelle Karte. Dann könntet ihr das schönste Foto dieses jeweiligen Gasts verwenden.
In jedem Fall ist es schön, wenn ihr euch bei jedem Gast individuell für das spezifische Geschenk bedankt. Dazu könnt ihr schon am Tag nach der Hochzeit wieder eure Einladungsliste zur Hand nehmen und hinter den Namen das jeweilige Geschenk notieren.
Am besten werden die Danksagungen im gleichen Stil wie auch die restliche Papeterie erstellt. So runden sie die Hochzeit perfekt ab.

Im Idealfall schreibt ihr auf die Karten einen Link zu eurer Hochzeitshomepage, falls ihr eine habt. Oder aber ihr nutzt einen Anbieter wie Dropbox und speichert dort alle Bilder eurer Hochzeit. Damit nicht jeder Internetnutzer die Bilder sehen kann, verseht ihr die Seite idealerweise mit einem Passwort. Oder aber ihr erstellt eine verdeckte Seite, auf die man nur mit einem spezifischen Link gelangen kann.

# 20. Außergewöhnlich heiraten

Mit „außergewöhnlich" meinen wir alles, was nicht der Norm entspricht. Also eine Hochzeit, die entweder außerhalb der in Deutschland klassischen Hochzeitssaison von Mai bis September oder aber an einem für Hochzeiten ungewöhnlichen Ort stattfindet.

## 20.1 Andere Orte

Die mit Abstand meisten Hochzeitsfeiern finden in Restaurants oder Hotels statt. Natürlich sind – wenn man den passenden Geldbeutel hat – aber auch Schlösser, Burgen und wie bei uns Villen traumhafte Locations, um eine perfekte Märchenhochzeit zu feiern. Neben diesen „klassischen" Locations gibt es aber auch Paare, die es gerne etwas außergewöhnlicher mögen. In ländlichen Regionen bieten sich dann umgebaute Scheunen an. In städtischen Regionen alte Industriehallen. Aber auch Schiffe und Berghütten werden unter Hochzeitspaaren immer beliebter.
Hervorheben möchten wir insbesondere zwei besondere Orte für Hochzeiten, die wir im Folgenden näher beleuchten.

### 20.1.1 Unter freiem Himmel heiraten

Es gibt die Möglichkeit, seine gesamte Hochzeit im Freien zu feiern, was in Deutschland allerdings sehr unüblich ist.
Denn selbst im Hochsommer ist das Wetter in unseren Breitengraden dafür einfach zu instabil. Es besteht ein zu hohes Risiko, dass euer Tag der Tage buchstäblich ins Wasser fällt.

Falls ihr unbedingt im Freien heiraten möchtet, braucht ihr unabdingbar einen Plan B, falls es regnen sollte.
Jetzt mag man im ersten Moment auf die Idee kommen, für diesen Fall einfach ein Zelt aufzustellen. Jedoch ist dies, wenn man nicht gerade einen Zeltbauer im

Freundeskreis hat, eine nicht gerade günstige Angelegenheit. Denn ein Zelt für 80 sitzende Personen ist ohne Infrastruktur wie Zapftheken etc. nicht unter 3 000 Euro aufwärts zu erhalten. Spezialzelte, die schön sind – und nur so etwas kommt in der Regel in Frage – liegen bei mindestens 6 000 Euro.
Nun muss außerdem beachtet werden, dass ein Zelt als Schlechtwetteroption zwingend mit einem Boden ausgestattet sein muss, weil es ansonsten bei Starkregen, der im Sommer häufig vorkommt, nicht als passable Schlechtwetteroption in Frage kommt.

Des Weiteren muss ein Zelt aufwändig dekoriert werden, um ansprechend auszusehen und mit Klimaanlage ausgestattet sein, damit es dort drin nicht unaushaltbar heiß wird.
Ihr seht also: Eine Hochzeit „im Freien" wird euch schlussendlich eventuell mehr kosten und mit einem wesentlich höheren Aufwand verbunden sein als eine Hochzeit in einer festen Location.

## 20.1.2 Im Ausland

Selten heiraten Paare auch im Ausland. Habt ihr das zusammen mit einer Hochzeitsgesellschaft vor, solltet ihr beachten, dass ihr entweder bereit seid, zumindest die Anreise ins Ausland für eure Gäste zu zahlen. Oder aber ihr wisst, dass eure Gäste es sich selbst ohne Probleme leisten können. Was aber wohl in den seltensten Fällen auf die gesamte Hochzeitsgesellschaft zutrifft.

Besonders wichtig bei einer Heirat im Ausland sind rechtliche Aspekte:

Eine im Ausland geschlossene Ehe muss in der Regel nicht eingetragen werden, um in Deutschland rechtsgültig zu sein.
Wenn ihr allerdings beispielsweise steuerliche Vorteile nutzen wollt, ist die Registrierung in Deutschland zwingend. Das wird in dem Standesamt gemacht, in dem ihr euren Wohnsitz habt.
Für im Ausland lebende Deutsche ist das Standesamt Berlin zuständig.

Von rechtlicher Seite ist auch zu beachten, welches Recht überhaupt zum Tragen kommt. Gerade wenn euer Partner kein Deutscher ist, sollte dieser Punkt mit einem Fachanwalt oder dem deutschen Konsulat geklärt werden. Besonders in

Ländern, in denen die Geschlechter vor dem Gesetz nicht gleichgestellt sind, ist dies ein entscheidender Faktor.

Die benötigten Unterlagen für eine Auslandsheirat sind von Land zu Land unterschiedlich. Neben dem Original ist oft auch eine beglaubigte Übersetzung der Unterlagen vorzulegen.

Diese Unterlagen werden meistens benötigt:

- Reisepass
- Abstammungsurkunde
- internationaler Auszug aus dem Einwohnermeldeamt
- Ehefähigkeitszeugnis
- Ehevertrag (meist in islamisch geprägten Ländern)

## 20.2 Andere Saison

Außerhalb der klassischen Hochzeitssaison zu feiern avanciert langsam, aber sicher zu einem echten Trend. Immer mehr Paare wollen eine ganz besondere Hochzeit.

Gerade mit Blick auf den Vintage- und den BoHo-Trend bietet sich eine Feier im Herbst besonders gut an. Denn die vielen warmen Farben ergänzen den Look dieser beiden Stilrichtungen perfekt.

Brautpaaren, die es lieber floral mögen, bietet sich auch der Frühling als super Alternative. Mit seinen vielen bunten und frischen Farben ist der Frühling das perfekte Sinnbild für den Startpunkt eines gemeinsamen Lebens. Zarte Rosa- und Gelbtöne schmücken Hochzeiten im Frühling besonders schön.

Aber auch eine Winterhochzeit hat ihren ganz eigenen Zauber. Insbesondere in den kälteren Regionen Deutschlands, mit einer hohen Schneesicherheit, verzaubert die Gemütlichkeit dieser Jahreszeit sicherlich euch und eure Gäste.
Während zu anderen Jahreszeiten vor allem Blumen im Vordergrund der meisten Hochzeitsdekorationen stehen, bestechen Winterhochzeiten oft mit Gold- und Silbernuancen.

Neben den unterschiedlichen Dekomöglichkeiten zu verschiedenen Jahreszeiten bilden sich insbesondere zwei große Vorteile beim Heiraten in einer ungewöhnlichen Saison heraus:

Erstens werdet ihr bei der Location und anderen Dienstleistern überwiegend sparen können. Denn für alle Hochzeitsdienstleister gilt, dass sie weniger ausgelastet sind. So habt ihr eine bessere Verhandlungsposition. Ihr habt auch eine wesentlich größere Chance, noch recht kurzfristig eine Location und verschiedene Dienstleister zu finden. Im Sommer sind diese, wie schon einige Male erwähnt, manchmal bis zu eineinhalb Jahre vorher ausgebucht.
Zweitens sind eure Gäste nicht „hochzeitsmüde". Vor allem, wenn ihr einen Freundeskreis habt, in dem alle ungefähr im gleichen Alter sind, ist es nicht selten so, dass im Sommer drei bis vier Hochzeiten anstehen. Da kann es schon mal sein, dass man sich auf die vierte Hochzeit innerhalb von zwei Monaten nicht mehr ganz so freut wie auf die erste.

## 20.3 Heiraten an einem außergewöhnlichen Tag

80 Prozent der Hochzeitsfeiern finden an einem Samstag statt. Klar, wenn ihr eine große Feier plant, werdet ihr das wohl kaum an einem normalen Arbeitstag mitten in der Woche machen. Aber neben Samstagen bieten sich noch einige andere, zum Heiraten hervorragend geeignete Tage an.

### 20.3.1 Heiraten an einem Freitag

Immer öfter heiraten Paare an einem Freitag. Zum einem bekommt ihr oft einen Rabatt bei Dienstleistern und in der Location und zum anderen muss eine Feier an einem Freitag einer Samstagshochzeit in nichts nachstehen. Außerdem habt ihr eine große Chance, eure Traumlocation doch noch zu bekommen.

Bei Freitagshochzeiten ist es sehr wichtig, seinen Gästen alsbald Bescheid zu geben, dass sie sich den Tag freihalten sollen, da freitags meistens ein Werktag ist.

Selbst wenn ihr erst am späten Nachmittag heiratet, müssen sich die meisten Gäste wohl zumindest einen halben Tag freinehmen, um den Tag nicht zu vollgestopft zu haben. Dabei geht es auch um euch selbst, denn niemand möchte 80 gestresste Gäste auf seiner Hochzeit haben.

## 20.3.2 Heiraten an einem Feiertag

An oder um einen Feiertag herum zu heiraten halten wir für eine besonders tolle Alternative. Denn ein Großteil eurer arbeitenden Gäste wird sowieso frei haben.

Aber nicht alle Feiertage sind gleichermaßen geeignet. Beispielsweise an Weihnachten würde eine Hochzeit unpassend erscheinen, da die meisten Leute an Weihnachten bei ihren Familien sind.
Sollte der Feiertag an einem Dienstag oder Donnerstag sein, sodass ein Brückentag entsteht, eignet sich ein solcher Brückentag perfekt für eine Hochzeit.
Liegt der Feiertag an einem Montag, kann man auch sehr schön sonntags heiraten. Allerdings muss dann der Hochzeitstermin früh genug kommuniziert werden, damit sich einzelne Gäste noch keinen Urlaub gebucht haben.

Habt ihr vor, an einem Feiertag zu heiraten, beachtet, dass so gut wie alle Standesämter geschlossen haben. Eine standesamtliche Trauung ist also nicht möglich. Ebenso stehen an den meisten Feiertagen auch Kirchen nicht für Trauungen zur Verfügung.

> Beispiel:
> Im Jahreswechsel 2018/2019 hatten wir eine wundervolle Silvesterhochzeit bei uns in der Villa. Silvester empfanden wir persönlich als idealen Tag für eine Hochzeit im Winter. Alle Gäste hatten frei, waren durch die Feiertage sehr entspannt und hatten gute Laune. Das Feuerwerk gab es quasi kostenlos obendrauf.
> Besonders schön war auch, dass selbst die älteren Gäste bis mindestens 1.00 Uhr nachts blieben. An Silvester bekommt man schließlich so oder so vorher kein Auge zu.

## 21. Schlussworte

Nun sind wir auch schon am Ende unseres kleinen Ratgebers angelangt.
Noch eine kleine Nebenbemerkung am Schluss: Umfragen zufolge streiten sich zwei Drittel der angehenden Ehepaare während der Hochzeitsvorbereitungen. Wenn es bei euch also einmal kriseln sollte, ruft euch dies ins Gedächtnis.
Am Ende beruht ein Streit immer auf Emotionen. Das bedeutet also, dass eine Meinungsverschiedenheit nur Ausdruck davon ist, dass euch beiden eine perfekte Hochzeit wichtig ist.
Versucht immer, einen guten Kompromiss zu finden, mit dem ihr beide leben könnt. Verliert das Wesentliche, also eure Liebe zueinander, nicht aus den Augen.
Am Ende der Planung steht der für euch perfekte Tag, den ihr zusammen mit euren engsten Freunden und der Familie feiert.

---

Wenn irgendetwas in diesem Buch noch nicht ausreichend geklärt wurde oder ihr Tipps und Anregungen habt, was wir in der zweiten Auflage besser machen könnten, dann zögert nicht, uns zu schreiben. Wir freuen uns über jede E-Mail an:

benedikt@feltens-events.de

Da Bewertungen für uns wie die Luft zum Atmen sind, würden wir euch sehr dankbar sein, wenn ihr uns auf Amazon.de oder google.de eine positive Bewertung gebt.

---

Es freut uns sehr, dass wir ein Teil eurer Hochzeitsplanung sein durften und es sehr bald ein weiteres glückliches Ehepaar mehr auf der Welt gibt.

Schon jetzt die besten Glückwünsche

Benedikt und Johnny

Printed in Poland
by Amazon Fulfillment
Poland Sp. z o.o., Wrocław